高等职业教育“十三五”规划教材
高职高专经管类核心课教改项目成果系列规划教材

个人理财

张旺军　主编

吴晋雯　熊庆云　副主编

科学出版社

北　京

内 容 简 介

本书旨在帮助读者明确理财目标和内涵，通过引导读者从财务和非财务两个方面自我认知，认清自身的理财基础，结合自身实际，制定合理的投资组合，采取有效的风险控制措施以及合理运用个人金融和信贷管理策略，实现个人生涯目标的财务自由、决策自主和生活自在。

本书作为个人理财的普及性教材，适用于各高校非金融专业的学生和对个人理财有兴趣的读者。本书配有网络课程资源，在本书的学习过程中，可结合网络课程进行学习。

图书在版编目（CIP）数据

个人理财/张旺军主编．—北京：科学出版社，2018

（高等职业教育“十三五”规划教材/高职高专经管类核心课教改项目成果系列规划教材）

ISBN 978-7-03-056349-1

Ⅰ．①个…　Ⅱ．①张…　Ⅲ．①私人投资-高等职业教育-教材　Ⅳ．①F830.59

中国版本图书馆 CIP 数据核字（2018）第 010601 号

责任编辑：田悦红　赵　茜 / 责任校对：陶丽荣

责任印制：吕春珉 / 封面设计：东方人华平面设计部

科学出版社 出版

北京东黄城根北街 16 号

邮政编码：100717

http://www.sciencep.com

三河市骏杰印刷有限公司 印刷

科学出版社发行　各地新华书店经销

*

2018 年 1 月第　一　版　开本：787×1092　1/16

2018 年 1 月第一次印刷　印张：8 3/4

字数：194 000

定价：24.00 元

（如有印装质量问题，我社负责调换〈骏杰〉）

销售部电话 010-62136230　编辑部电话 010-62135397-2017（VF22）

前 言

自 1978 年改革开放以来，我国国民经济持续快速增长，个人财富迅速积累，同时，由于计划经济向市场经济转变的过程中，原有的计划经济社会保障体制已经完全被现代社会保障体制所取代。但是，由于我国社会保障存在着缴费的历史欠账问题，同时，待遇支付方面面临着未富先老的人口问题，个人生涯主要目标中的医疗、子女教育、住房、养老等费用问题仍然需要部分或全部由个人承担。

当人们开始为生涯目标做投资规划时，会发现金融市场上投资产品名目繁多，令人眼花缭乱，应接不暇，许多人在投资过程中亏损惨重，甚至赔上了身家性命；另外，在我国社会保障几乎全覆盖的前提下，仍有许多人因病返贫或因灾返贫，大量的社会捐赠现象说明我国的社会保障制度并不能完全解决这些问题，因此对理财知识的渴望就成了社会的热点。

2007 年开始，浙江工商职业技术学院为保证学生就业质量，提升学生的商业意识和商业技能，面向全校非投资与理财专业学生开设了个人理财公共必修课程。本书在简要介绍个人理财知识的基础上，浅显地介绍了相关的金融领域知识和技能，并对个人理财的观念和定位进行适度剖析。本书划分为六个项目，项目 1 个人理财规划认知，主要介绍个人理财规划的相关概念，帮助读者建立个人理财规划与生涯规划的关系，并明确个人理财规划的基本内容；项目 2 理财规划的自我认知，目的在于帮助读者对自己的财务和非财务状况有清晰的了解，以便为后续具体理财规划活动打下基础；项目 3 个人金融管理，主要帮助读者做好个人财务预算、信用和债务管理以及紧急备用金的储备三个日常金融管理活动；项目 4 理财成本与收益计算，这一项目是帮助读者在建立起货币时间价值概念的基础上，用 Excel 作为工具，迅速、高效地学习理财成本与收益计算；项目 5 理财目标管理与投资规划，这一项目主要针对家庭的三大核心目标分别提出规划建议，并帮助读者完成三个目标投资工具选择；项目 6 家庭资产保障，主要是帮助读者在全面了解家庭风险的基础上，梳理我国的保障体系，明确社会保障和商业保险在家庭保障中的功能与定位，通过商业保险产品选择，建立起全面的家庭保障计划；同时，考虑到财产传承日益成为民众理财规划重要内容，又与家庭保障紧密相关，在本项目中加入家庭财产传承的相关内容。

综合上述分析，本书的整体体系设计思想可以描述为：让读者在了解个人理财规划的基础上，建立起个人理财规划与生涯目标的关系，运用 Excel 函数作为理财成本和收益计算的工具，完成从个人日常的金融管理，到投资规划和家庭资产保障三个核心理财内容的学习，这一体系完整地体现了个人理财活动服务于生涯目标的基本原则。

本书根据编写人员的专业领域进行编写分工：项目 1 和项目 6 由张旺军编写，项目 2

和项目3由吴晋雯编写，项目4和项目5由熊庆云编写，全书由张旺军总纂。

本书在编写过程中，参考了许多专家学者的资料文献，在这里对他们表示衷心感谢。由于时间仓促，加之编写水平有限，书中难免有不足之处，恳请广大读者批评指正。

目　录

项目1 个人理财规划认知

📖 项目介绍

本项目是通过对个人理财规划动机进行分析，解析个人理财规划内容，并进而阐释如何寻求理财规划师的帮助。

📖 学习目标

通过本项目的学习，学生应能够对个人理财规划有正确的定位和认知，并熟知理财规划的基本内容，能够运用具体标准判断理财规划师的职业水平以及理财方案的合理性。

📖 工作任务

个人理财动机分析；

理财规划内容解析；

寻找理财规划师。

任务1.1 个人理财动机分析

1.1.1 个人理财动机

理财动机是在个人理财过程中采用正确理财策略的保证，个人理财动机源于个人生涯需求，是为生涯不同阶段的不同需求提供财务支持。依据马斯洛需求层次理论，人类需求从低到高分为五个层次：生理需求、安全需求、社交需求、尊重需求和自我价值实现需求。生理和安全需求是基本物质需求，在基本物质需求满足后，人们才依据个人价值观不同，选择满足不同的社交需求、尊重需求和自我价值实现等精神层面需求。

理财活动的有效性评价取决于理财成果是否能够满足个人生涯需求。离开了这一原则，个人理财就失去了方向，容易陷入理财误区，在理财实践中，最典型也是最容易陷入的理财误区是将理财同投资混为一谈，将理财的评价标准定义为财富的多寡，并将理财目标定位于资产的快速积累，在投资过程中容易忽略风险，承担了超越自身承受能力的风险，导致遭受不能承受的投资损失，生涯目标丧失财务支持，甚至无法维持家庭基本生活，人生轨迹发生改变，失去了原本幸福的家庭生活。

1.1.2 支出的分类

生涯阶段不同层次的需求通过支出实现，从出生到身故，支出不计其数，包括生活费用支出、子女教育支出、赡养费用支出、购房支出、购车支出等。从需求层次出发，支出可以划分为两类：必要性支出和选择性支出。所谓必要性支出指满足人的基本生理需求和安全需求的支出，包括生活费用、子女教育费用、赡养费用、为自己的老年生活所做的养老储备以及购房费用五项；选择性支出则是在满足基本生活需求基础上，用来满足更高层次社交需求、社会尊重以及实现自我价值的需求，如进修费用、旅游休闲费用、车辆使用费、交际费用、捐赠费用等。必要性支出是理财活动首要且必须满足的支出，选择性支出则取决于个人不同兴趣、爱好和价值观需求。由于必要性支出的刚性需求特征，决定了理财活动需遵循先保障后求利原则。五项必要性支出分布于人的一生可以用图 1-1 表示。

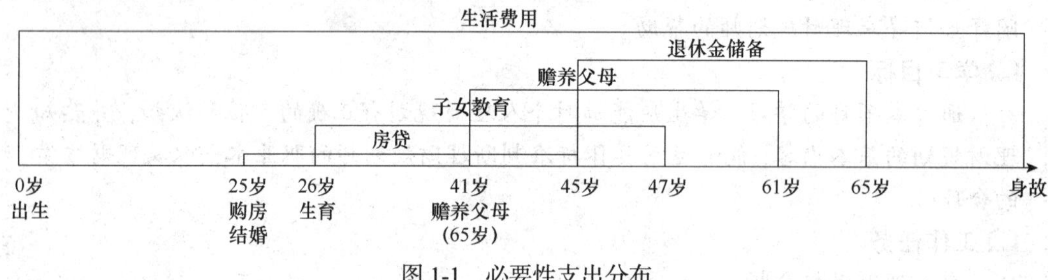

图 1-1　必要性支出分布

图1-1中清晰地展示了从出生到身故，必要性支出随着年龄的增长，呈现出1-2-3-4-3-2-1的变化趋势，即从 1 项支出最高增加到 4 项再减少到 1 项，这与从家庭结构变迁角度定义的家庭生命周期有必然联系（具体内容见任务 2.1）。

1.1.3　收入与支出平衡认知

无论是必要性支出还是选择性支出，都依赖于收入提供财务支持。个人生涯支出分布于一生，而收入实现只是在参加工作至退休期间，如图 1-2 所示。平衡一生的收支是个人理财最基本也是最核心内容，即无论什么时候发生支出都有相对应的收入提供支持。平衡一生的收支面临两大问题：一是收入和支出存在时间差，这种时间差形成了个人理财的两大核心内容：投资管理与信用管理；二是收入与支出存在确定性差异，如前所述，必要性支出发生作为刚性支出是确定性的，而支撑这些支出的收入实现却存在着不确定性，这些不确定引致的风险管理也是个人理财的核心内容。

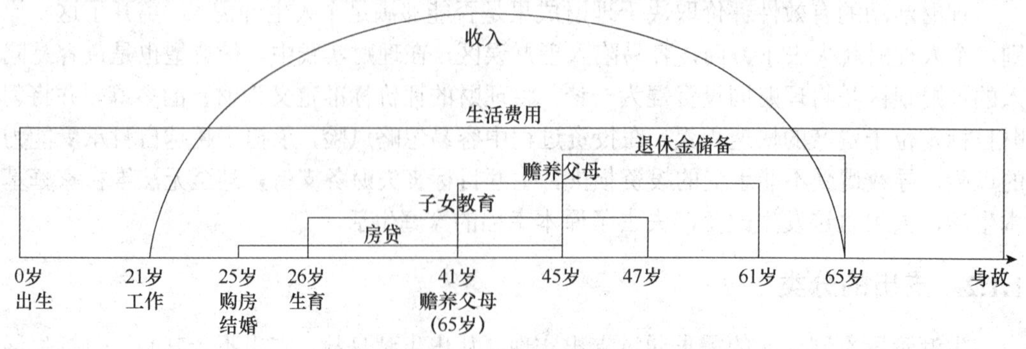

图 1-2　收入与支出分布

1．收入实现先于支出发生，通货膨胀使投资成为个人理财核心内容

从图 1-2 中可以看出，部分支出发生是在收入实现后若干年，如退休金储备，退休金支出发生于退休前收入实现形成退休金储备资产若干年后，从 45 岁开始储备，至 65 岁时方才支出，一方面，通货膨胀导致货币购买力大幅下降，资产贬值，另一方面，由于政策或制度变化也可能导致资产受损。资产保全和保值增值的投资管理构成个人理财的核心内容。

2．支出发生先于收入实现，信用管理是个人理财的重要内容

对于发生先于收入实现的支出，由于没有足够的收入积累（资产）用来补偿，需先从外部借入资金，待收入实现后再行还款。

提供外部支持的形式主要包括两种：一是代际抚养，二是信用管理。在未成年之前，所有支出来自于父母的抚养费用，在成年之后，有了收入和信用，则由银行等金融机构提供信用来满足目前超出收入水平的需求，如房贷、车贷等。因此，信用管理（或称负债管理）也是理财的重要内容。

3．收入实现与支出发生存在确定性差异，风险管理成为个人理财基础内容

刚性支出要求相对应的收入实现必须也是确定的，而现实的情况是，收入的获取是不确定的，这种不确定性引致了生涯目标无法实现甚至生活无以为继的风险，风险管理成为个人理财的基础内容。

分析阻碍收入实现的原因主要有以下几种：一是由于失业而导致，规避此类风险除做好职业生涯规划外，在理财方面，应为失业期间做好财务安排（具体见任务 3.3）；二是由于发生人身风险即意外或疾病风险事故在一定期间丧失获取收入能力，此纯粹风险应通过人身保障规划解决（具体见任务 6.2 和任务 6.4）。

个人理财行为除上述由于收支时间差异而产生的投资管理、信用管理以及风险管理外，还包括税务筹划、财产传承以及支出预算管理等内容，依据我国目前家庭理财的基础和核心内容，本书主要涉及投资管理、信用管理和风险管理，支出预算管理作为现金管理内容也会涉及。

1.1.4　个人理财的定义

综上所述，个人理财的动机来源于个人生涯需求，其核心内容是平衡一生收支。理财只是平衡收支的手段，而不是目的。如果将支出视为人生负债，而收入则为人生资产。个人理财可以定义为：个人理财是指通过分析家庭状况、生涯目标和财务状况等资料，明确家庭理财目标，借助专业人士，平衡一生收支，满足人生不同阶段的财务需求，最终实现人生的财务自由、决策自主和生活自在。

从个人理财定义分析，个人理财具有以下几方面特征：首先，个人理财是一项综合性活动，融合了理财目标的确立，财务状况的评估，在此基础上，通过平衡财务资源（即投资与信用管理）和风险管理，满足家庭理财目标需求，而不仅仅是一项投资活动；其

次，个人理财贯穿人的一生，是一项长期规划，平衡的是一生收支，满足的是各个生涯阶段的不同目标需求。因此，个人理财需要长远规划，而不是一次性投融资活动；再次，个人理财最终是为实现人生不同阶段财务上的自由、自主和自在，而不是理财本身，理财活动是为人生不同阶段的生涯需求提供财务支持。最后，个人理财需借助于专业人士，平衡收支需要建立投融资组合，只有建立在丰富的专业知识和充分信息渠道基础上的投融资组合才能保证资产组合的有效性。因此，鉴别合格的理财规划师也是个人理财的重要内容（具体内容详见任务 1.3）。

任务 1.2 理财规划内容解析

个人理财规划活动服务于个人生涯目标，个人生涯目标不同，理财规划内容不同。但不论个人生涯目标如何变化，个人理财规划的基本内容不变，本书主要讨论个人理财规划的基本内容，包括生涯资产与负债、家庭投资管理、家庭风险管理以及个人金融管理。由于风险管理工具可用于遗产规划，因此，在风险管理内容中融入了遗产规划，即财富传承管理。

1.2.1 生涯资产与负债

个人理财始于当前，止于生命终结，是一生的理财规划，追求的是一生的收支平衡，因此，理财规划的首要内容为一生的资产和负债，即生涯资产和生涯负债。

生涯资产是指目前资产与未来资产之和。目前资产为实际已经拥有的资产，包括存款、股票、房产等一切可以满足理财目标的资产；未来资产由未来收入所获取。生涯负债是指当前负债和未来负债之和。当前负债是目前的实际负债，包括目前房贷、车贷等已有负债；未来负债是指未来为了供养家庭所产生负债，如子女的教育，父母的赡养等责任和义务支出。当生涯资产大于生涯负债，就会给后代留下遗产，否则养老可能会依赖于代际赡养。

1.2.2 家庭投资管理

家庭投资管理主要的目的在于保障家庭资产的保值增值。家庭理财最大的威胁来自于通货膨胀，理财从家庭成立始，长达数十年，通货膨胀的存在使得前期通过努力工作赚取的资产随着时间的推移价值不断缩水，家庭理财必须通过投资管理优化家庭资产结构，保证家庭资产应有的购买力，即能够补偿通货膨胀造成的损失，在此基础上，尽力追求资产的增值，早日达到财务自由。

1.2.3 家庭风险管理

在理财过程中，生涯资产和生涯负债的平衡是建立在家庭未发生任何风险的前提下，但任何家庭都会面临疾病、意外、失业、投资等各项风险，这些风险的发生有的对家庭不会造成大的影响，但有些风险发生可能会引致家庭无法承受的财务崩溃的结果，因此，在家庭理财过程中必须充分重视这些家庭风险的管理，为家庭风险的发生做好充分地准备。理想的家庭理财规划活动应是在任何条件下家庭期望生活水平都能够保证实现。

1.2.4 个人金融管理

个人金融管理主要包括日常的收支储蓄管理和消费信贷管理。收支储蓄管理是将日常收入和支出做出合理的估计，采用合理的方式提高收支管理效率，提升储蓄率。消费信贷管理则是解决短期内资金不足的问题，在保证债务偿还风险的前提下，有足够的现金应对家庭日常或突发事件的开支。

1.2.5 财富传承管理

随着我国居民财富日益高涨，家庭和婚姻观念的变化，家庭财富传承成为目前社会关注的焦点问题之一。但我国财富传承机制相对市场需求较为落后，财富传承过程中面临很多法律问题，如何在保证自己传承意愿的前提下，将财富传承的成本降至最低，是财富传承管理的核心问题。目前我国主要的财富传承模式是生前赠与与遗产的法定继承相结合，这一方面是中国的家庭观念原因，另一方面是人们还没有习惯于在生前制定相关的财富传承计划，未来随着人们观念的变迁，财富传承必然会成为家庭理财的核心内容之一。

任务1.3 寻找理财规划师

家庭理财规划是一个复杂的系统性工程，有效的理财规划活动离不开理财规划师的指导和帮助。从利益角度，理财规划师应是独立于客户与产品提供者的第三方理财机构，理财规划师的报酬应来自于向客户收取的服务费。但在我国，人们已经习惯于享受免费的理财服务，对于向理财规划师支付费用是一项极为罕见的情境，所以我国的理财规划师基本上都是代表着银行、投资或保险等相关公司的利益，从产品的提供方获取佣金或薪酬，在服务过程，也会站在企业或自身利益角度，将企业或自身利益最大化，忽视了客户利益。在此背景下，能够对理财规划的职业道德和行为标准进行基本的判断对客户来讲是非常重要的。

我们可以从以下几个方面来判断理财规划师的职业水平和理财方案的合理性。

1.3.1 理财规划师职业水平

1. 保守秘密

对于大多数人而言，家庭的财务状况是非常私密的事，不会轻易向他人表露，有的夫妻之间甚至也保持一定的私密性。因此，能够为客户保守秘密是理财规划师的基本职业道德。未经客户书面许可，理财规划师不应向第三方透露任何有关客户的信息。在与理财规划师沟通过程中，要注意理财规划师是否为其他客户保守秘密，不随意透露其他客户信息。

2．专业胜任

理财规划师应通过专业的理财规划师培训教育，并取得相关的执业资格或水平证书。目前我国理财规划相关资格证书主要包括国际金融理财师和理财规划师，前者是由国际金融理财标准委员会向从事金融理财，达到委员会规定的教育、考试、从业经验以及职业道德标准的专业人士提供的资格证书，是由美国金融咨询业的专业人士创立并逐步国际化的证书，代表着国际理财行业的金牌标准；后者是人力资源和社会保障部为规范我国理财行业而设立的相关水平证书。

3．遵法守规

一个称职的理财规划师必须遵循相关的法律法规以及社会公德，如《中华人民共和国保险法》规定（简称《保险法》），个人保险代理人在代为办理人寿保险业务时，不得同时接受两个以上保险人的委托。如果一家公司的保险代理人推荐客户购买其他保险公司的寿险产品，则违反了保险法的规定。私募公司的从业人员必须遵从相关私募基金的管理规定，不得非法集资等。在与理财规划师沟通过程中，要依据经验判断或寻求第三方帮助查阅理财规划师相关业务是否合规是必要的。

4．正直诚信

在理财咨询活动中，理财规划师不得采用虚假宣传或夸大事实的方式以谋取不正当利益。如夸大自身的胜任能力，虚构学历，专业证书资质等，在产品推荐过程中，夸大收益，故意忽略风险等，或者未获得相关授权，随意处置客户资产等。在接受咨询的过程中，要注意审查理财规划师相关证书或执业资格是否合规，产品推荐过程中是否有夸大事实的行为。

5．专业精神

专业的理财规划师具备职业荣誉感，在提供服务的过程中，会尊重和礼貌对待其他理财规划师，甚至与其他理财规划师合作，共同为客户提供更为合理有效的服务，绝不诋毁或恶意伤害同行，如果发生了诋毁或恶意伤害同行的行为，可以评判此理财规划师的职业道德不值得信任，理应放弃其服务。

6．恪尽职守

一个合格的理财规划师必须为客户做好充分的计划，并定期或不定期帮助客户监督、实施和调整计划。随着客户年龄的增长、家庭结构变迁以及理财环境的变化，理财规划需要不断做出调整，理财规划师应针对具体情况做出充分计划的同时，帮助客户调整方案，做好后期的服务工作。

1.3.2 理财方案的合理性标准

理财方案是否合理，可以通过以下几个标准判断。

1．追求财富的一生平衡

家庭理财方案应以家庭的生涯目标为出发点。家庭理财活动追求的是生涯资产和生涯负债（或者一生的收支）平衡，理财目标（如期望生活水平、子女教育、养老等）体现为生涯负债，通过支出来实现目标，理财活动是服务于客户的生涯目标，理财方案必须要保证理财活动与客户的生涯目标紧密结合，脱离生涯目标谈理财活动将会使理财活动陷入误区，可能会导致严重的理财后果，如理财目标只专注于投资收益可能会因对风险的忽视而导致因病返贫。

2．能够充分体现客户的理财价值观

理财价值观体现了个人对不同生涯目标的偏好程度，是决定着个人幸福的关键因素。如一些人以子女为中心，视子女幸福为毕生追求，在理财方案设计时应重点考虑为子女基本教育费用在充分保障基础上，再为其提供充实的教育基金。

3．实现家庭财富的最优管理

首先，能够最大限度地利用客户的资源。通过家庭资产的优化配置达到生涯目标的财务需求，提高资产的利用效率，因此，家庭资产配置过程中，是否全面考量了各项资产的配置的效率是最大限度利用家庭资源的保证。

其次，有效的资产配置能够匹配客户的风险属性。有效的资产配置不仅要考虑到客户理财目标的实现，同时，不能脱离客户的风险属性盲目进行资产配置。资产配置必须是建立在客户风险承受能力和风险容忍态度的风险水平之内。如果超出了风险承受能力，可能会由于发生不利风险而导致客户理财目标无法实现，甚至陷入财务困境，倾家荡产；如果超越了风险容忍态度可能会导致客户投资心理负担过重，做出非理性决策引致投资损失。

4．合理控制家庭理财的各类风险

家庭理财过程中的风险包括投资风险和纯粹风险，投资风险的发生既可能产生损失也有可能带来风险收益，通过建立有效的投资组合可以充分利用风险来提高投资效率，具体的投资技术有建立分散化投资组合或对冲组合；对于失业、疾病或意外而导致的、只有损失而没有收益的纯粹风险，需要通过保险或合同转移方式转嫁风险。无论是哪类风险都应通过有效的方案做好风险管控，家庭财务陷入困境的原因大多不是因为投资收益偏低所导致，而是因为风险防范措施不当造成。因此，有效的管控各类风险是家庭理财的首要任务。

5．通过专业性简化方案，让方案具备可操作性

专业并不代表着复杂，理财规划方案的使用对象大多是非专业人士，所以理财规划方案与其他方案不同，越专业应越简单，通俗易懂，具备可操作性，这是家庭理财规划方案的基本要求。

项目实训

实训 1：结合自己未来的生涯规划阐述个人理财活动与理财动机之间的关系。

实训 2：结合自己的家庭情况分别列出五项必要性支出和选择性支出。

实训 3：请结合自己的具体情况，画一张收支分布图，阐述自己平衡一生收支面临哪些问题，并由此产生的理财规划内容。

实训 4：结合实训 3，阐释个人理财规划的定义

实训 5：简述生涯资产和生涯负债的概念，结合自己的情况，列出生涯资产和生涯负债。

实训 6：以自己的家庭为例，列举家庭面临的风险类别，并举例说明。

实训 7：列举自身理财规划应包括哪些具体内容？如果您要找一个理财规划师咨询个人理财，您将如何判断理财规划师的职业道德和职业水平以及他所做的理财方案是否合理？

项目2 理财规划自我认知

📖 **项目介绍**

本项目首先从家庭生命周期、理财价值观以及风险评估三个方面，阐释如何对个人非财务状况进行认知。其次，从家庭资产负债和收支储蓄两个方每，对个人财务进行分析解读，合理认知个人财务状况。从上述两个方面全面了解自身的理财需求和理财基础。

📖 **学习目标**

通过本项目的学习，学生应能够正确认知个人的非财务状况以及设计简单的个人财务报表。通过对报表的分析与解读，合理认知个人财务状况。

📖 **工作任务**

非财务状况认知；

个人财务状况认知。

理财是为人生不同阶段提供财务支持，要制定合理、有效的理财规划方案，首先要明确自身的家庭状况、生涯目标和财务状况。在不同生涯阶段以及相同阶段不同的家庭状况、职业状况、个体之间性格差异都会对理财规划提出不同的要求。因此，理财规划是一项个性化的活动，在理财规划过程中，首先要对自己有清醒的认识。理财规划的自我认知分为非财务状况认知和个人财务状况认知。

任务 2.1 非财务状况认知

2.1.1 家庭生命周期

家庭生命周期是根据家庭成员结构变迁，将家庭生涯划分为五个阶段，通过分析不同阶段生涯需求，明确理财重点和理财目标，采取相应地投资、信贷以及保障规划决策。

1．单身期

人生理财活动是从经济独立开始，单身期始于经济独立，止于结婚，一般年龄在 22 岁至 25 岁之间，单身未婚与父母同住，或异地参加工作单独租房入住。

这一阶段收入低微，支出方面除工作支出（如服装费、通勤费、交际费等）外，还要准备结婚费用，进修费用等，常常收不抵支，资产积累非常不易。这一时期应努力追求收入成长，严格控制各项支出，力争做到收大于支，为进修、婚姻积累资产。投资方面，由于投资资产有限，无法投资较高投资门槛的大额项目，但也应投资资金门槛低的货币性投资或定投基金，逐步积累资产净值。保障方面，虽然没有组建家庭，没有对配偶和子女的家庭责任，但意外伤害、疾病产生的大额医疗费用会形成父母的债务，连累父母的养老金储备，失能或身故也会无法完成对父母的赡养责任。因此，保障方面应投保身故受益人为父母的寿险以及重大疾病、意外保障。信贷方面，应通过信用卡平衡每月收支，同时为自己积累信用。

2．形成期

这一期间从结婚成立家庭到子女出生，一般夫妻双方年龄在 25 岁至 35 岁者居多。居住方面，主要分两种情况，一是和父母同住，三代同堂，但家庭仍以父母为核心，父母是家庭的主要经济来源；二是自行租房或购房组成核心家庭，经济上完全独立于父母。

这一阶段家庭财务状况主要体现为两方面的特征：一是家庭工作收入相对最低的阶段，家庭刚刚成立，投资性资产相当有限甚至为零，随着家庭人口增长，支出逐年增长，导致储蓄能力受到很大制约，净资产积累速度很慢。二是随着家庭成立、子女出生以及父母的年龄增长，家庭保险需求大幅增加。

综合上述特点，在家庭形成期，理财的重点应着重于追求收入的成长和风险控制。具体规划过程中，首先应加强储蓄，以增加投资性资产，建议通过股票基金定投强制储蓄，尽力避免透支信贷特别是大额贷款侵蚀收益，如房屋贷款、汽车贷款等。在投资组合方面，考虑到这一时期家庭各项开支弹性较大，应增加收益率较高的投资品种比例，如增加股票投资比重，降低债券投资比重，同时，由于孩子年幼，各种疾病风险较高，应充分考虑资产的流动性需求。在风险控制方面，随家庭成员增加提高寿险保额，同时办理购房置产信托。

3．成长期

这一期间从子女出生到子女完成学业独立生活为止。一般夫妻双方年龄范围在 30 岁至 55 岁者居多。在这一时期，如果不考虑父母，家庭成员相对固定。随着年龄的增长在这一阶段中后期父母可能有一方或双方离世。在居住方面，一般以自行租房或购房为主，在经济上达到完全独立并成为家庭主要经济来源。

此阶段，在收入方面，由于随着职位升迁和技术成熟，工作收入大幅增加，投资性资产的积累也使理财收益逐年增加。支出方面，家庭日常开支相对固定，增加的费用主要来自于子女教育费用和购房、购车费用。保险方面，随着父母年龄增长和子女的养育费用增加，家庭风险增加，保险需求达到最高峰。根据该阶段财务特征，与形成期相比，投资组合方面，应降低投资组合风险，同时，由于子女成长发生疾病的概率大大下降，流动性可以相应减少。在保险方面，应着重配置子女教育年金储备，以应对非义务教育阶段的支出，同时，提高寿险保额。信托安排方面，着重安排子女教育信托。在信贷方面，可以适度进行房屋和汽车等大额信贷。

4．成熟期

这一期间从子女独立生活至夫妻二人双方退休为止。一般夫妻年龄范围在 50 岁至

60 岁者居多。在这一阶段，家庭成员人数随着子女独立而减少，父母也随着年龄的增长相继离世。居住方面主要是自行居住，或同父母一直居住，以便赡养老人。经济上完全独立，收入达到人生的最高峰。

从理财角度分析，家庭成熟期是人生的最黄金时期，在这一阶段，个人工作收入达到巅峰，由于前面两个阶段的投资性资产的积累，生息资产逐步达到最大值，理财收益在整个收入中占据的比例达到最大。由于子女已经独立，家庭支出大幅度减少，储蓄大量增加，家庭负担的减少也使得家庭风险下降，这一阶段的重点由子女教育转为养老储备。在资产配置方面，由于离退休已经不远，追求高收益已经不是主要目标，追求资产的保值基础上的增值是本阶段理财主旨，因此，组合中股票和债券要均衡配置。保障方面，主要准备退休金，投资于年金产品或退休信托。信贷方面则在退休前还清所有贷款。

5．衰老期

这一时期从夫妻均退休到夫妻双方离世为止，年龄方面一般在 60 岁以上。此阶段家庭成员只有夫妻两人或与父母同住，但随着父母年龄增长，在这一阶段前期父母相继离世，在后期进入两人生活或与子女同住。经济方面主要来源于前期退休前积累或子女的赡养费用。

在家庭衰老期由于停止工作，工作收入为零，收入方面以理财收入、转移性收入或变现资产收入为主，支出方面前期由于身体状况尚可，又有空闲时间，休闲费用较高，在后期则随着身体状况的下降，医疗费用则会提升。本期理财重点在于资产的保值，以保证老有所养，另外，由于老年人生病概率增加，对流动性资产的要求也提高。在资产配置方面，以债券性产品为主，同时提高货币性资产的配置，最后才是股票类产品的配置。在保障方面，主要保障生病后看护风险，并做好遗产信托。

需要说明的是，以家庭生命周期不同阶段确定的理财重点，是针对一般家庭，影响家庭理财的因素有很多，如家庭成员的寿命、客户在兄弟姐妹中的排行以及生养子女状况等，甚至结婚的年龄都会影响到理财重点的确定。另外，以上五个阶段，是以多数家庭的历程分类，随着人们家庭观念的多样化变化趋势，晚婚、独身主义、丁克家庭出现，上述阶段划分并不适合这些特殊家庭，在理财规划时仅供参考。

2.1.2 理财价值观

对不同理财目标实现重要性的排序称为理财价值观。理财价值观概念的产生是基于客户资源的有限性为前提。对于非常富有的人，可以实现人生的所有目标，理财价值观的排序没有任何意义，但对于中产阶级，资产有限，必须首先满足重要目标，需要对所有目标按重要性进行排序。

1．家庭支出类型与理财价值观

理财价值形成的过程中，必要性支出是必须完成的目标，排序没有任何意义，因此，理财价值观只与选择性支出相关。家庭的必要性支出通常包括以下几个方面。

1）日常生活基本开销。这是满足人类最基本的生理需求，这一支出是家庭的首要支出。

低收入家庭满足基本生活需求后所剩无几，在无力抉择的情况下理财价值观无从显现。

2）已有负债的本利摊还支出。已有负债的产生和理财价值观有关，如及时行乐的价值观使人勇于借钱消费，无论如何想要有自己房子的价值观使人甘愿负担高额房贷购房。然而一旦有了负债，应有的本利摊还应列为优先支出的项目，与理财价值观的选择无关。

3）已有保险的续期保费支出。是否投保和个人安全感的认定有关，愿意支付保费来换取心安也是一种用钱的价值观。已有的保费负担也是优先要考虑的项目，排除在理财价值观选择之外。

以上 3 种支出合计为必要性支出，连生活费用都无法负担的人，生活缺乏根本保障。贷款违约可能导致房屋遭拍卖或个人信用破产，保费停缴导致保单失效有违当初保险的初衷，都是尽量要避免的。只有满足了必要性支出，针对剩余的选择性支出相关的理财目标，才有条件进行排序，形成理财价值观。

2. 理财价值观的类型分析

按退休、消费、居住和子女教育四大人生理财目标的不同排序产生四种不同的理财价值观，分别称为偏退休型价值观、偏当前享受型价值观、偏购房型价值观和偏子女型价值观。

（1）偏退休型价值观

偏退休型价值观的人将退休目标作为所有目标中优先考虑的目标，家庭支出中除义务性支出外，很少有选择性支出，将收入扣除义务性支出后的大部分都作为投资以备未来退休目标的实现。期望通过全力以赴工作和投资实现财富的迅速累积，以期早日退休或退休后享受高品质的生活。偏退休型价值观的人应建立合理的退休金投资组合，必要时还应投资于养老保险或投资性保单，保证退休生活的基本需求。需要注意的是：过于极端追求退休金的积累而忽视自己的身体，可能会由于苛待自己而身心受疲，退休后容易因身体原因没有精力享受。

（2）偏当前享受型价值观

和偏退休型价值观相反，偏当前享受型价值观的人注重于当前消费，而忽略退休目标。将各期收入几乎全部用于各项消费，享受当前，抱着“船到桥头自然直”的思想，对未来缺乏具体规划，这种心态使他们在工作期的储蓄率偏低，赚多少就花多少，退休后累积的净资产大多不够老年生活所需，必须大幅降低生活水平或靠子女和社会救济维生。因此，对于偏当前享受型价值观的人应尽量建立基本需求的养老金，保证晚年的基本养老生活。

（3）偏购房型价值观

偏购房型价值观的人注重“居有定所”的感觉，只要具有一定的现金流量，他们通常先用于购买住房，希望早日脱离租房生活，将居住目标列为首要目标，宁可为了拥有自用住宅而节衣缩食甚至背负长期债务。购房在未购房前是选择性支出，毕竟购房只是解决居住的一个手段，但是购房后，后续的房贷支出将成为必要性支出，房贷如超过收入的一定比例，则会影响目前的生活水平，甚至会影响退休储蓄，因此，难以在退休时过上较好的生活。当然，如果房价具有一定的成长性，退休时也可通过销售房产实现退休目标，但具有一定的风险（详见任务5.3）。

（4）偏子女型价值观

随着我国生活水平提高和计划生育政策实施，子女养育费用不减反增。和多子女家庭结构相比，独生子女或双重子女家庭的风险承受能力更差，子女未来赡养父母的负担更重，父母对子女的情感更专一，对子女的照顾可谓辛勤备至，视子女成功为自己最大的成就，出于对子女的感情和责任，独生子女或双重子女的父母对子女养育的投入比多子女父母反而更多。除教育费用外，有的家庭还将子女结婚、生育以及创业作为自己的理财目标。退休后不仅不期待子女赡养，反而把积蓄当作遗产留给子女。偏子女型价值观的人应尽量避免在资源有限的情况下把太多资源投入在子女身上，不顾自己退休目标所需的资金积累，在退休后的晚年反而成为子女的负担，不但自己的养老生活备受影响，给子女带来的沉重的赡养义务也有违自己的初衷。因此，偏子女型价值观的人在为子女做各项投入的同时，不要忽略自己的退休金。

需要说明的是，四种不同的理财价值观没有对错之分，尊重自己内心，让自己感受到人生幸福、快乐是理财的根本和出发点，但不论是哪种理财价值观，都尽量做到不走极端，极端的价值观会带来严重的财务后果。

2.1.3 风险评估

风险评估从两个维度进行评估，一是客观风险承受能力，这一维度是受客观因素制约，如年龄，财富多寡等，决定了个人能不能承受风险；二是主观上对风险的容忍态度，这一维度取决于个人对风险的认知和心理反应，是个人是否愿意承受风险和愿意承受多大的风险的问题。

1．风险承受能力

风险承受能力主要取决于年龄、资产的可投资期限、理财目标的弹性以及财富多寡与收入高低。

（1）年龄

风险承受能力通常和年龄呈负相关关系。投资是通过现有资产作为本金赚取收益，如果发生亏损，是需要通过未来的储蓄来弥补，年龄越大，未来赚取储蓄的时间越少，弥补亏损的能力越差，风险承受能力越低。到退休后，完全不能通过工作来储蓄，仅从年龄角度讲，风险承受能力最低，几乎为零。

（2）资金的可投资期限

风险承受能力与资金可投资期限呈正相关关系。

首先，长达数年甚至数十年的投资期限，可以跨越多个投资项目的波动周期。如果投资项目前期亏损，可以用后期的收益平滑前期的亏损，投资期限越长，经历的周期越多，后期收益平滑的机会越多，抗风险能力就越强。如果投资项目的波动与经济周期相关，投资期限越长，风险承受能力也越高。

其次，短期的投资收益即使丰厚，也没有长期的复利效应显著，和长期的复利效应相比短期收益有限。如100万投资一年，按照10%的报酬，一年后本利和只有110万，但若持续投资二十年，同样100万，10%的平均报酬，20年后本利和可达670万以上，显著的复利效应能够使投资者承受更高的风险。

最后，美国一项长达195年的统计数据显示，股票年实际投资报酬率的高低区间与投资报酬率的上下限和投资期限有密切关系，如表2-1所示，随着时间的拉长，报酬率上下限的差异越来越小，标准差也越来越小，显示投资期限越长平均回报率越稳定。这是从统计归纳的结果所得出的价值投资的概念。

表2-1 股票实际报酬率与投资期间的关系

类别	期限				
	1年	5年	10年	15年	25年
报酬率上限	25.1%	14.4%	11.2%	10.3%	8.7%
报酬率下限	−11.1%	−0.6%	2.4%	3.4%	4.7%
标准差	18.1%	7.5%	4.4%	3.3%	2.0%

资料来源：John C. Bogle，2009，Common Sense on Mutual Funds．Wiley．

（3）理财目标的弹性

风险承受能力与理财目标的弹性呈正相关关系。理财目标如果没有弹性，为必须实现的目标，与其相对应的投资项目就不能承受较大的风险，如子女教育金，必须在子女接受非义务教育阶段按时按量缴纳学费，不论时间还是费用都没有弹性，所以子女教育金投资必须以稳健投资为主；而购车计划弹性相对较大，如果投资收益颇丰，可以购买高档轿车，收益较差，可以购买中型轿车，甚至小型轿车，满足购车需求的投资项目风险承受能力就较强。

（4）财富多寡与收入高低

风险承受能力还与家庭的财富多寡与收入高低呈正相关关系。家庭的财富是由收入减去支出，逐渐积累而来，财富和收入成正相关关系，一般收入越高，财富越多。财富和收入足够多的富裕阶层，理财目标都已经可以实现，一定金额的项目投资风险甚至可以忽略；对于收入尚可的中产阶级，即使基本生活费用没有任何问题，但其选择性支出对应的投资项目的风险还是需要控制，以满足人生更高的生活品质需求；对于收入低微的阶层，财富和收入只是能满足基本生活支出，甚至承担不起任何的投资风险。

2．风险容忍态度

风险容忍态度是投资人对风险的主观偏好，是因人而异的。风险承受能力强的人因为不愿意丧失已有财富和生活品质，并不一定愿意忍受风险，风险承受能力差的人可能更愿意承受风险，想迅速改变命运。风险承受能力和容忍态度相比，风险评估过程中，首要考虑风险容忍态度，其次在本人愿意承受的风险基础上，再考量愿意承受的风险是否高于风险承受能力。

风险容忍态度主要表现在是否愿意承受亏损和愿意承受多大程度的亏损，投资的目的是为了保本保息，还是赚取短线差价，以及对待投资亏损的心理反应和行为反应等。

在金融产品投资前，金融机构都要求客户做风险评估，包括大至高额的信托投资项目，小到银行理财产品，甚至最保守的保障型保险投资产品也要对客户的保费支付能力做风险评估。风险评估是投资和保障规划的关键和前提，通过风险评估使资产组合风险控制在能够承受和愿意承受的范围内。在理财规划过程中，风险评估是专业评估，应遵从理财规划师引导，认真填写风险评估问卷，对自己的风险承受能力有清醒的认识，才能在投资过程中平衡风险与收益的关系，最大限度地提高投资效率。

任务 2.2　个人财务状况认知

2.2.1　个人财务报表设计

通过家庭财务分析，可以全面了解家庭财务状况，在财务分析之前，首先要设计家庭财务报表，包括家庭资产负债表和收支储蓄表。家庭资产负债表反映的是家庭现在的财务实力，家庭收支储蓄表反映的家庭未来的储蓄能力。

1．家庭资产负债表设计

家庭资产负债表反映的是当前家庭资产和负债情况，是理财规划的起点。资产负债表内容可以用一个公式来表达，即

$$资产＝负债＋净资产$$

这个公式的左边是指家庭所拥有的所有的资产，包括房产、汽车、生活用品、存款、股票等，右边是资产的来源，包括我们自己积累的财富或通过负债形成的资产，如贷款购车，一方面增加了负债，一方面形成的汽车资产。

为了更详细地反映家庭的资产负债情况，为合理配置资产提供分析基础，家庭资产负债表设计时，对上述三个要素（资产、负债和净资产）进行了更为细致的分类，如表 2-2 所示。

表 2-2　资产负债表类目一览

<table>
<tr><th colspan="3">类别</th><th>用途</th><th>项目</th></tr>
<tr><td rowspan="3">生息资产</td><td colspan="2">流动资产</td><td>满足家庭的交易、投机和紧急备用金的需要</td><td>现金、活期存款、货币市场基金</td></tr>
<tr><td rowspan="2">投资资产</td><td>金融资产</td><td rowspan="2">获取投资回报或实现资产保值增值</td><td rowspan="2">金融资产：定期存款、外币存款、股票、债券、基金、保单现金价值、养老金个人账户余额、医疗和住房公积金个人账户累计额、债权；
实物资产：投资用房产、黄金、首饰、珠宝或其他收藏品等</td></tr>
<tr><td>实物资产</td></tr>
<tr><td colspan="3">自用资产</td><td>自己享用，获取效用</td><td>自用房产、自用汽车</td></tr>
<tr><td colspan="5">总资产＝流动资产＋投资资产＋自用资产</td></tr>
<tr><td colspan="3">消费负债</td><td>弥补日常生活支出不足而透支信用借钱消费</td><td>信用卡借款、小额消费信贷</td></tr>
<tr><td colspan="3">投资负债</td><td>为购买投资性资产而扩张信用借钱</td><td>投资用房贷、金融投资借款、实业投资借款</td></tr>
<tr><td colspan="3">自用负债</td><td>融资购买自用资产</td><td>自用房贷、自用车贷</td></tr>
<tr><td colspan="5">总负债＝消费负债＋投资负债＋自用负债</td></tr>
</table>

续表

净值＝总资产－总负债
＝（流动资产＋投资资产＋自用资产）－（消费负债＋投资负债＋自用负债）
＝（流动负债－消费负债）＋（投资资产－投资负债）＋（自用资产－自用负债）
＝流动负债＋投资净值＋自用净值

表 2-2 对资产和负债进行了详细的分类，并列明了各类资产的用途，需要说明的是，资产类别与负债类别是一一对应的，资产负债表设计样如表 2-3 所示。

表 2-3 资产负债表样

资产		负债及净值	
项目	金额/元	项目	金额/元
流动资产		**消费负债**	
现金		信用卡欠款	
人民币银行活期存款		小额消费信贷	
其他流动资产		其他消费性负债	
小计		小计	
投资资产		**投资负债**	
人民币银行定期存款		金融投资借款	
外币银行定期存款		实业投资借款	
股票投资		投资性房地产按揭贷款	
债券投资		其他投资性负债	
基金投资		小计	
实业投资		**自用负债**	
投资性房地产		自用房地贷款	
保单现金价值		自用汽车贷款	
其他投资性资产		其他自用贷款	
小计		小计	
自用资产		**负债合计**	
自用房地产		净值	
自用汽车		消费净值	
其他自用资产		投资净值	
小计		自用净值	
资产合计		**净值合计**	

表 2-3 中的各个项目和条目可以根据家庭的具体的情况进行删减或添加。另外对于非现金资产，由于购买时的成本价与目前的市价存在差异，而资产负债表反映目前家庭的资产负债状况，所以非现金资产应以市价计价，用市价计价时，并不是自己想出售的价格，而是实际资产立即变现的价值。

2．家庭收支储蓄表设计

家庭收支储蓄表反映的是一个家庭的收入、支出和储蓄情况，收支储蓄表的内容可

以用公式表示为

$$收入－支出＝储蓄$$

收支储蓄表中收入和支出可以按月或按年统计，为了反映家庭收入来源和支出项目，以便于编制家庭预算，通常将收入和支出按表 2-4 进行具体的分类。

表 2-4　家庭收支类目一览

类别		获取、支出方式	项目
收入	工作收入	通过付出脑力、体力而获得	工资、薪金、佣金、奖金等
	理财收入	通过持有或变现资产而获得	利息、股息、红利收入、房租收入，变现资产的资产利得或损失
总收入＝工作收入＋理财收入			
支出	生活支出	用于家庭日常开支	生活费、学费、赡养费、房租等
	理财支出	用于投资项目	主要包括利息支出和保障型保费支出，购买基金等资产所支付的手续费或聘请理财规划师做规划所支付的费用也属于理财支出
总支出＝生活支出＋理财支出			
总储蓄＝总收入－总支出＝（工作收入＋理财收入）－（生活支出＋理财支出） ＝（工作收入－生活支出）＋（理财收入－理财支出） ＝工作储蓄＋理财储蓄			

表 2-4 中将家庭收入和支出按工作收入和理财收入、生活支出和理财支出分别列示，反映收入的不同来源和支出的用途。收支储蓄表的样表如表 2-5 所示。

表 2-5　收支储蓄表样表

项目	金额	项目	金额
工作收入		理财收入	
其中：薪资收入		其中：利息收入	
养老保险储蓄		资本利得	
医疗保险储蓄		其他理财收入	
住房公积金储蓄		减：理财支出	
其他工作收入		其中：利息支出	
减：生活支出		保障型保费支出	
其中：家计支出		其他理财支出	
子女教育支出		理财储蓄	
其他支出		储蓄	
工作储蓄			

表 2-5 中的各个项目和条目可以根据家庭的具体情况删减或添加。

在理财实践中，需注意以下几点：

1）薪资收入中并不包括社保方面的储蓄，社保方面的储蓄数据如不易获得，薪资收入只需按实发数字填写即可。

2）资本利得是已经实现的资本利得，如将股票已经卖出，买卖之间的差价形成资本利得，如果没有将手中持有的股票卖出变现，则只在资产负债表中体现资产的变化，不能在此表中填写资本利得的实现。

3）需区分资本利得与收益（如股息、红利、利息、租金收入等）之间的关系。资本利得是资产价值变化而产生的利得或损失，而收益是通过资本经营获得的收益或亏损，如购买某公司股票1000股，购买价格10元/股，持有期间，该公司分红每10股0.5元，则500元为股利所得收益，其后以每股11元的价格出售，则其资本利得为1000元（1000×（11－10））。

4）保险型保费支出是指投资消费型的保险，如短期意外险，车险等，这些保费支出形成一项理财支出，但如投资理财型保险，由于其性质属于一项长期投资，形成一项具有现金价值的保险资产，所以，理财型的保费支出不能作为一项支出，而是现金资产转换为保险资产。

2.2.2 个人财务报表解读

家庭财务报表只是为家庭财务分析提供数据基础，要深入分析家庭财务状况，还需对家庭财务报表所提供的数据进行对比，通过各项指标能更直观地反映家庭财务面临的问题，对家庭财务做出合理的诊断。

家庭财务诊断是对家庭财务目前的财务实力和存在问题做出判断，对未来收益获取能力做出合理估计，以便为后续家庭投资管理、风险管理、信用和债务管理等提供依据。家庭财务诊断的指标如表2-6所示。

表2-6 家庭财务诊断指标

指标		定义	合理区间
财务压力指标	负债比率	负债/资产	60%以下
	财务负担率	年本息支出/年可支配收入	40%以下
	平均负债率	年利息支出/负债总额	基本利率1.2倍以下
流动性指标	流动比率	流动资产/流动负债	200%以上
	紧急备用金月数	流动资产/月总支出	3～6个月
储蓄能力指标	工作储蓄率	（税后工作收入－消费支出）/税后工作收入	40%以上
	自由储蓄率	（总储蓄－固定用途储蓄）/税后总收入	10%以上
投资能力指标	生息资产比率	生息资产/总资产	50%以上
	平均投资报酬率	理财收入/生息资产	高出当年通货膨胀率2%以上
	财务自由度	年理财收入/年总支出	30岁以下：5%～15%； 30～40岁：15%～30%； 40～50岁：30%～50%； 50～60岁：50%～100%
保障度指标	保费收入比	商业保险费/税后工作收入	5%～15%
	保额支出年数	就有保额/家庭年支出	5～20年

由表2-6可知，财务诊断指标分为五大类：财务压力指标、流动性指标、储蓄能力指标、投资能力指标和保障度指标。其中财务压力指标和流动性指标都是反映家庭财务

债务负担能力。财务压力指标反映的是长期的财务负担能力，家庭流动性指标反映的是家庭目前的短期风险。

负债比率指的是家庭总负债与总资产比例，表达的是家庭有多少资产来自于负债，这一指标合理区间应在60%以下，即家庭净资产应占家庭总资产40%以上。如果是长期摊还的房贷，不会危及现在的家庭财务，如果是短期贷款，应立即进行减债计划，负债过高，可能会让家庭陷入资金周转不灵，甚至破产困境。

财务负担率反映的是家庭年本息支出占年可支配收入的比例，合理区间在40%以下，即如果一个家庭年度本息支出超过年度可支配收入40%以上，用于提升家庭生活水平的选择性支出就会大幅下降，将会影响到生活水平。同时，家庭负债过高，从银行很难增贷。

平均负债率是指年利息支出除以负债总额，这一指标主要是考察家庭负债成本高低，如果这一指标过高，表明家庭应该重新进行债务整合，以降低贷款利率。如果无法降低贷款成本，则表明已经无法通过低利率渠道贷款，个人信用不佳，应检视个人信用不佳的原因，以免对后续贷款产生影响。

流动比率是指流动资产与流动负债的比率，这一比率应该高于200%以上。流动负债应用流动资产来偿还，如果流动资产不足以偿还流动负债，家庭会立即陷入资金周转不灵，甚至破产困境。所以，在家庭财务指标诊断中，流动比率是最重要的指标之一。

紧急备用金月数是反映流动资产对应月总支出的比例。这一指标主要是为了反映紧急事件（如疾病、意外或失业）发生时，有多少流动资产可以用于满足家庭开支。（具体情况详见任务3.3。）

工作储蓄率是指工作储蓄和税后收入之间的关系，工作收入越高，储蓄率应越高。

自由储蓄率是反映可以用于自由支配的储蓄占税后收入的比例，自由储蓄通常用来满足短期目标和提前偿债。

生息资产比率反映的是家庭有多少资产可以用作投资，合理区间是50%以上。生息资产是家庭未来资产成长性的基础，年轻时应尽早通过提高储蓄率完成生息资产的积累。

平均投资报酬率反映的是家庭的投资效率。家庭资产组合的投资报酬率应高于通货膨胀率，理财实务中应以家庭风险属性为基础建立合理的资产配置，以提高投资报酬率。

财务自由度反映的是家庭的理财收入与总支出的关系，如果家庭可以通过理财收入满足家庭的年支出，则达到了财务自由。这一指标与年龄有很大的关系，年龄越大，财务自由度应越高，直至退休前达到100%，否则退休后还需参加工作，以满足家庭支出需要。

保障度指标反映的是家庭保障充分程度。保障度指标分别从保费收入和保额支出两个方面反映。按照资产配置的原则性比例，保费收入占家庭工作收入的10%左右，需要说明的是这只是一个原则性数据，保费收入是否合理应结合家庭的具体情况检视。对于收入较低的家庭，应提高保费占收入的比例，而对富裕家庭这一指标可能会降低。

保额支出年数是指保额与家庭年支出的倍数，这一倍数反映了如果风险发生，家庭在失去工作收入的情况下，支出可以维持多少年。一般情况下应至少维持到被保险人或受益人独立生活或退休为止。如对于以身故为给付条件的寿险保单，父母作为被保险人，保额年支出应维持到子女独立生活为止；对于以重疾发生为给付条件的重疾险保单，保额支出年数应与被保险人恢复工作收入的年数相匹配。

项目实训

实训 1：分别以自己、父母和爷爷奶奶为对象，说明三者分别属于哪一个家庭生命周期，阐释具体原因以及理财的重点。

实训 2：结合自身的具体情况，说明自己的理财价值观，并阐释原因。分别列出自己的选择性支出和义务性支出，说明理财价值观与选择性支出和义务性支出的关系。

实训 3：从风险承受能力的各项指标定性分析自己的风险承受能力。

实训 4：对自己的家庭进行调查，设计资产负债表和收支储蓄表，并按财务诊断指标进行简要诊断分析，说明家庭财务存在问题以及应改善和提高的地方。

项目3 个人金融管理

📖 项目介绍

本项目从家庭预算管理、信用与债务管理以及紧急备用金管理三个方面，全面阐释了个人金融账户管理的相关理论知识和实践操作技能。其中家庭预算管理意在通过预算管理提高家庭储蓄，家庭信用和债务管理通过财务杠杆利益提高资产利用效率以及满足提前消费需求，紧急备用金项目是在前两者基础上，利用储蓄和信贷工具完成紧急备用金储备。

📖 学习目标

通过本项目的学习，学生能够了解家庭日常金融资产和负债管理基础知识，掌握日常金融资产和负债管理的技能。

📖 工作任务

家庭预算管理；

家庭信用与债务管理；

紧急备用金规划。

任务 3.1 家庭预算管理

凡事预则立，家庭理财脱离了预定的目标，就会陷入理财盲区，最终导致理财目标无法实现。如每月过度消费没有按期、按量筹备到购房首付款，导致购房时间推迟，房价上涨，整个生涯规划发生重大改变。因此，做好家庭预算管理是个人金融管理的基础内容。

3.1.1 家庭预算管理内容及基本原则

1. 家庭预算管理内容

家庭预算分为收入预算、支出预算、资本支出预算和储蓄运用预算。

1）收入预算应考虑四个方面类型的收入，即工薪收入、经营净收入、财产性收入以及转移性收入。工薪收入又包括传统的工薪阶层、以业务佣金为主要收入者、自由职业者和企业主。一般工薪阶层除了每月领固定薪金外，每年多少还有一些年度性的收入，如年终奖金、绩效奖金、员工红利、年度股利等。

2）支出分为可控制性支出与不可控制性支出，可控制支出是家庭通过节约开支可以减少的支出，其决策点在现在或未来，如旅游、购物；不可控制支出是金额已经确定，无法通过家庭成员节支行为减少的支出，其决策点在过去，现在要做的只是履行过去的承诺。如房贷利息、房租支出。在预算中可控制支出需要经过计算确定，不可控制支出只需列出项目即可。

3）资本支出预算用来购买自用住宅、汽车及其他耐用消费品，这些购置自用资产的支出，一次金额较大，其资金来源不是变现生息资产，就是分期付款或采用房贷、车贷。

4）储蓄预算应划分为月储蓄预算和年储蓄预算。每个月固定的工资薪金、佣金、房租或利息收入，减掉每个月食、衣、住、行、育、乐的固定开销和每个月应摊还的房贷利息，就是每个月应有的储蓄预算。

2．家庭预算管理基本原则

预算编制应遵循以下三个原则：

第一，预算应分为年度预算和月度预算。年度预算是家庭理财目标货币化基础上，依据家庭的收支及资产负债状况而编制的年度执行计划，但在具体执行过程中，年度的执行计划由于时间跨度太长，可执行性差，因此，在年度预算编制完成后，还要依据年度预算编制月度预算，月度预算是最终的直接执行方案。

第二，应明确可控制预算和不可控制预算。不可控制预算只需列项目，预算执行的效果体现在可控制预算，金额及用途不固定的项目均应属于可控制预算。

第三，预算的最终目的是找出预算与实际执行之间的差异，保证理财行为与理财目标方向一致，预算过程中各项项目要与记账分类相同，以便进行预算和实际执行之间差异比较。

3.1.2 家庭预算管理流程

编制家庭财务预算，必须明确编制的程序。家庭预算编制流程如图 3-1 所示。

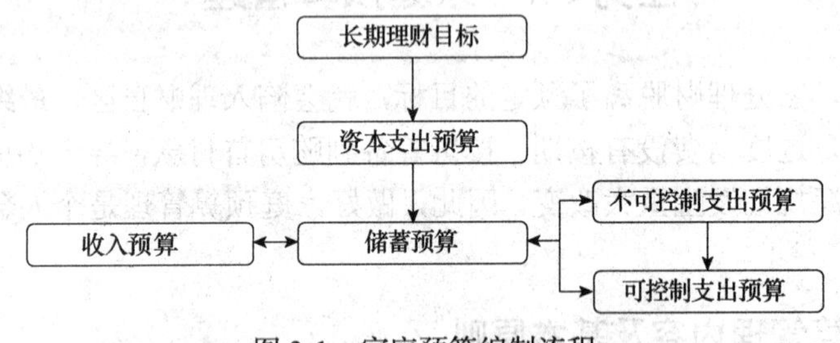

图 3-1　家庭预算编制流程

第一，设定长期理财目标，然后计算实现长期理财目标的各项资本支出预算。

第二，根据长期理财目标实现年限和报酬率等因素，计算完成资本支出预算目标所需的年储蓄额，根据年储蓄额计算月储蓄额，完成储蓄预算。

第三，对于不同的理财性格和收入来源者，收入和支出预算编制的步骤有所不同。对于收入稳定的公职人员或大企业的工薪阶层，可相当准确地预估年度收入，先编制收入预算，再依据收入－储蓄＝支出，编制支出预算；收入淡旺季差异大的佣金收入者或自营事业者，则依据支出＋储蓄＝收入，先编制支出预算，再编制收入预算。

第四，收入预算和支出预算分门别类划分为细目，作为将来执行预算过程中记账的类目。

3.1.3 预算编制

1．收入预算表的编制

编制收入预算表首先要明确收入的来源及特征，如前所述，我国居民的收入来源主要有四个渠道，各个渠道的收入质量和数量有所不同，如表 3-1 所示。

表 3-1 收入来源的分类及特征

收入类型	收入稳定性	收入成长性	收入中断风险
工薪收入	收入来源稳定，有劳动法保障	依靠每年调薪，奖金比重不高	下岗失业
经营净收入	视行业景气而定，收入来源较不稳定	工商个体户有机会转型为私营企业	经营不善，亏损甚至倒闭
财产性收入	利息收入与租金收入的稳定性较高	股票资本利得较高	房屋闲置，股票无股息发放
转移性收入	视政府财政情况与子女负债能力而定	应随着物价调整	政府缩减社会福利，子女无能力奉养

家庭收入预算表是依据现有收入实际计算的收入计算表，通过收入预算表可计算出家庭税前收入、税后收入、可运用收入以及可支配收入等各项指标。各项指标的计算过程如下：

可支配收入＝可运用收入－三险一金

可运用收入＝税前收入－所得税＝可支配收入＋三险一金

收入预算表编制格式及编制方法如表 3-2 所示。

表 3-2 收入预算

序号	项目		金额/元	备注
1	工作收入	薪资		
2		加班费		
3		佣金		
4		奖金		
5		补助		
6		其他		
7	小计			1＋2＋3＋4＋5＋6
8	理财收入	存款利息		
9		租金收入		
10		营业所得		
11		资本利得		
12		转移性收入		
13	小计			8＋9＋10＋11＋12
14	税前收入合计			7＋13
15	所得税扣除项目	起征点		按不同项目分别计算
16		养老保险		个人缴费部分
17		医疗保险		个人缴费部分
18		失业保险		个人缴费部分

续表

序号	项目		金额/元	备注
19		住房公积金		个人缴费部分
20	所得税			按不同项目分别计算
21	可支配收入			
22	三险一金	养老保险		个人缴费部分
23		失业保险		个人缴费部分
24		医疗保险		个人缴费＋社保划入
25		住房公积金		个人缴费＋社保划入
26	可运用收入			21＋22＋23＋24＋25

2．储蓄（应有收入）预算表的编制

储蓄是为了未来理财目标的实现，在家庭满足维持日常生活费用需求基础上，再加上理财目标对收入的需求，即为家庭应有的收入——应有收入。

应有收入=应有年消费支出＋购房贷款本息摊还额＋教育金储蓄＋退休金储蓄

储蓄预算表就是计算为达到未来理财目标的实现而应有的收入。储蓄预算编制的步骤如图 3-2 所示。

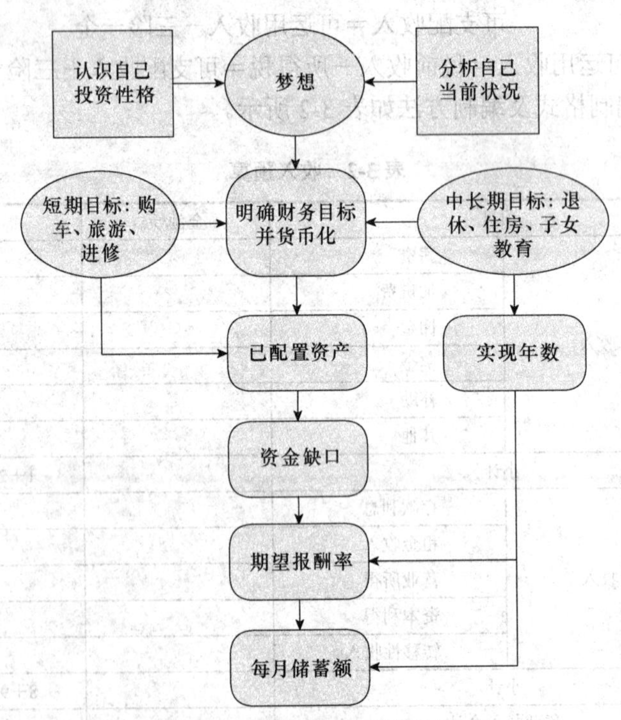

图 3-2　储蓄预算编制步骤示意图

首先对当前的状况以及投资性格做出正确判断，在此基础上，明确理财目标并将理财目标货币化，分析理财目标已有的资产配置，计算资金缺口（以上都考虑现值），最后依据实现目标的时间和自身所能承受的风险所确定的投资报酬率，运用 Excel 年金计

算函数计算每月的储蓄额（具体详见任务4.2)。月储蓄目标预算表如表3-3所示。

表3-3 月储蓄计算

单位：元

项目＼类别	退休	子女教育	换房自备款	还贷款本金	购车	……
几年后实现						
目前现值						
费用增长率/%						
届时需求额						
月强制储蓄						
已配置资产						
可累计金额						
资金缺口						
每月储蓄目标金额						

3．支出预算表

每月储蓄额确定后，收入扣除该储蓄额就是可以用来消费的支出。作为预算执行的直接依据，支出预算表中明确列示各项支出预算占支出预算的比重以及预算金额。具体格式如表3-4所示。

表3-4 支出预算范例

项目	分配比例/%	预算金额/元
食品		
衣着		
家庭设备用品及服务		
医疗保健		
交通通信		
教育文化娱乐服务		
居住		
杂项商品及服务		
合计	100	

特别说明的是，支出预算中的内容是家庭预算执行、控制和分析的直接依据，预算在执行过程中，要通过账户记录手段来反映支出，因此，支出预算表中的项目应与账户记录的项目一致。

3.1.4 家庭预算控制

1．家庭收支类型认知

对家庭财务预算进行有效的控制，必须首先对家庭状况有正确的认识，掌握可能提高家庭储蓄的方式，才能有效地对家庭财务预算进行控制。

家庭预算控制有3个步骤：第一是认知需要；第二是确定储蓄动机；第三是确定开

源节流的努力方向。认知需要是储蓄的动力，认知后的下一步是决定通过开源或节流来产生储蓄。根据家庭收入和情况，我们可以将家庭分为四种类型，如图 3-3 所示。

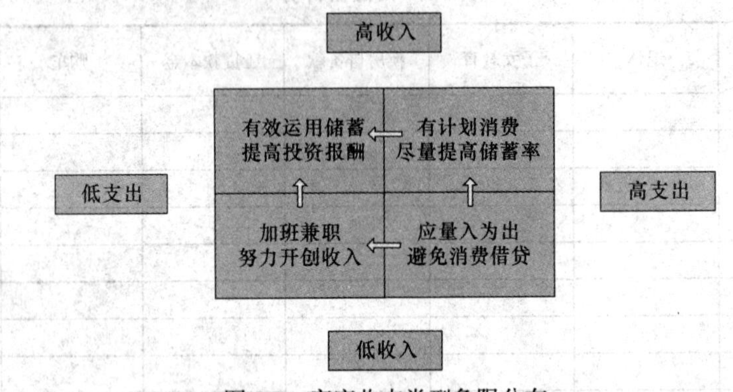

图 3-3 家庭收支类型象限分布

高收入低支出者，理财重点是有效运用储蓄，积极投资来提高投资报酬率。

高收入高支出者，理财重点在节流，以有计划地消费来杜绝浪费从而提高储蓄率。此时家计方面可节省的空间尚大，应制定一个完整的家计预算，将消费支出花在真正的需求上。具体而言，可检讨自己在食、衣、住、行、育、乐方面哪一部分的花费远高于平均比例，作为控制支出的重点项目。最好能设定一个阶段性目标，如预定要做到每月定期定额 1000 元，则从现在开始每两个月多开一户 200 元的基金定投账户，在 10 个月内可达成目标。

低收入低支出者，可保持一定的储蓄率，但因收入低储蓄的金额并不高，不易达到丰富生活的理财目标。理财的重点在于开源，可以加班、兼职、换工作到高佣金的行业拼业绩、努力争取加薪或创业等方式，想办法提高收入从而提高储蓄的金额。

低收入高支出者，赚得少却花得多，储蓄率比一般人低或为没有任何储蓄的月光族。在信用卡先享用后付款的诱惑下，有些人甚至支出高于收入，通过借贷透支消费。理财重点在于量入为出，尽量避免消费借贷，然后拟订偿债计划，等到债务还清后再把还债的现金流转为储蓄的现金流。

2．提高家庭储蓄的可能方式

依据收入、支出以及储蓄之间的关系，要提高家庭储蓄，无非是开源（增加收入）或节流（减少支出），或二者并重，图 3-4 显示了这一基本思想。

（1）增加家庭工作收入

增加家庭工作收入的方法主要有以下几种。

1）在原有工作上力求更优秀的表现来获得晋升加薪。

2）论时或论件计酬时，加班或增加工作量来增加收入。

3）在有可能的情况下争取兼第二份工作来增加收入。

4）找寻待遇更好的工作机会伺机跳槽。

5）行销能力强者可寻找以业绩佣金为主的工作来提高收入。

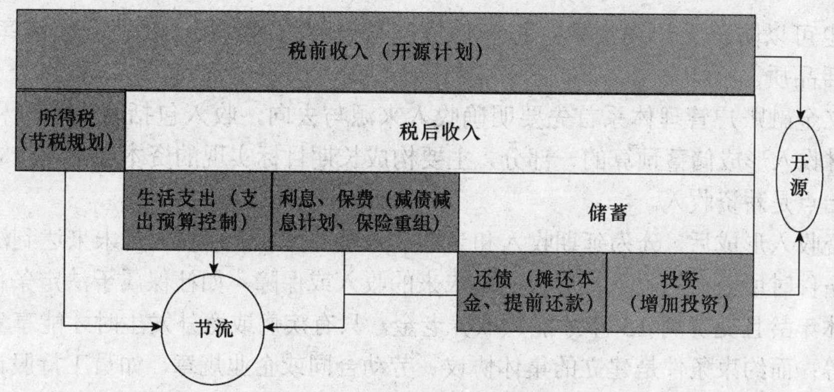

图3-4 家庭储蓄提高方式

6）辞去工作自行创业，不让收入的成长受限。

7）原为单薪家庭者可转成双薪家庭，多一份工作收入。

（2）增加家庭理财收入

家庭理财收入需考虑到三点：第一，应根据投资环境变化适时调整投资策略和投资组合；第二，如果能通过借款扩大信用投资，当投资报酬率高于借款利率时，财务杠杆的作用会使得理财收入大幅上扬；第三，在投资过程中不能忽视节税的规划；第四，充分利用各种积分赠送或手续费折扣。

（3）降低家庭生活支出

对储蓄的累积而言，由于节约支出不会增加税收，降低生活支出比增加工作收入的效果更明显。如所得税边际税率20%的人而言，增加1000元的收入税后只能增加800元，如果支出不变储蓄增加额为800元。但如果收入不变，支出减少1000元，则储蓄就可以增加1000元。降低生活支出的方式有以下几种。

1）省吃俭用：少上餐馆，少买衣服，尽量不买短期用不着的东西；

2）善用折扣：在打折时购买，同样东西以较低价格取得；

3）乘坐大众运输工具：如地铁、公车、火车、共享单车，这样可节省交通费；

4）制定支出预算：大额消费或旅游应事前计划并按预算执行；

5）使用公共产品：以逛公园、上图书馆的方式节省休闲支出。

（4）降低家庭理财支出

理财支出并非全无弹性，事先规划仍有办法降低。

1）寻找适合自己状况的政策性优惠性低息贷款或首次购房贷款，如住房公积金贷款；

2）支付能力有限时以租代购，而租金支出通常会低于房贷本息支出；

3）情况允许的时候可以进行保单的调整，比如年轻时可以将储蓄型寿险调整为保障型寿险，这样在同样保额下降低保费支出。

3．金融账户管理

做好家庭预算控制，首要的是有完整系统的家庭财务信息，建立系统的金融账户体系是家庭预算控制的前提。另一方面，通过系统的金融账户体系所形成的财务记录，也可以防范无计划消费，每一份资产都做到物尽其用，提高投资效率的同时提升生活品质。

建立金融账户管理体系首先要明确收入来源与去向，收入包括薪资收入和理财收入，理财收入形成储蓄预算的一部分，主要构成长期目标实现的资本支出，建立金融账户的起始点是薪资收入。

薪资收入形成后，分为延期收入和当期收入两部分，延期收入是未来达到法定条件或约束条件时所获得的收入，形成的是未来的收入或保障。如社保属于法定条件，只有达到退休年龄且交费满 15 年才能领取养老金，只有疾病或意外发生时才能享受医疗保障待遇等；而约束条件是建立的集体协议、劳动合同或企业规章，如员工持股计划、股票期权等。当期收入是目前可支配收入，这些收入可以用于目前消费，也可以投资形成投资性资产。

在金融账户管理体系（图 3-5）建立时，应至少建立 6 类账户。一是基本账户（Ⅰ类账户），这一账户是薪资发放账户，当期收入发放于基本账户后，资金从基本账户分流至其他账户，包括投资账户、贷款账户、保险账户、支付账户（包括Ⅱ类账户和Ⅲ类账户）和信用卡账户。分流入投资账户的资金和延期收入共同满足储蓄预算，应按投资项目分别设置，贷款账户用于偿还每期的贷款本息，保险账户用于支付每期的保险费用，支付账户用于日常生活支付，信用卡账户用于支付信用卡账单。上述账户除投资账户外，都会形成支付记录，与现金支付一起，共同构成各项支出记录，将这些支出记录合并，形成与支出预算差异分析的依据。

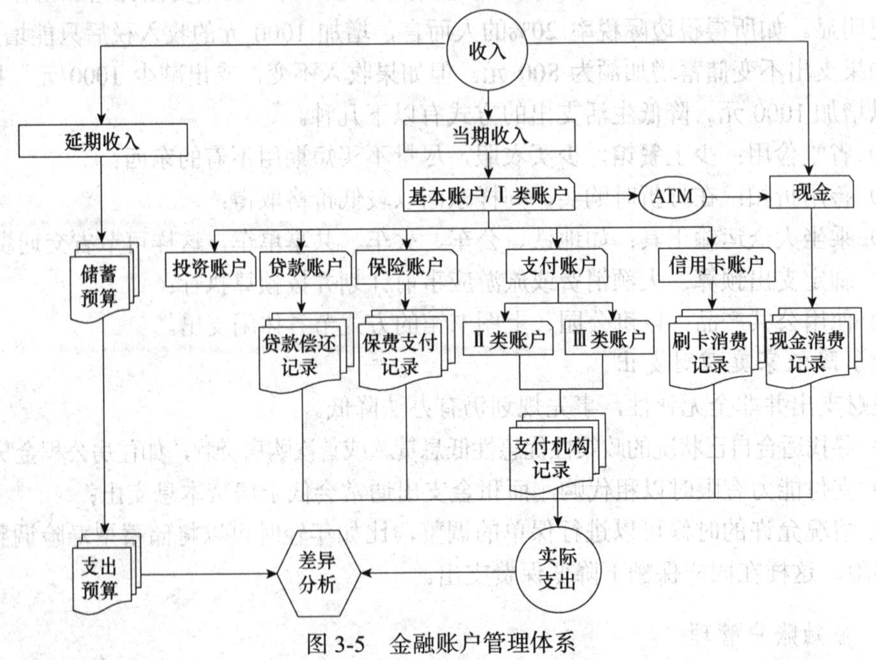

图 3-5 金融账户管理体系

金融账户体系建立时，有两个概念需要注意：

第一，上述账户中基本账户、投资账户、贷款账户和保险账户可以合并使用，但建议分开使用，特别是保险账户和贷款账户，保险公司划转保费、银行回收贷款本金都是自动划转，这一方面减少了用户的时间成本，但另一方面可能会对用户的资金安排形成困扰，如某笔保费有 60 天宽限期，原本计划下个月缴纳，但只要账户资金足够支付本期保费，保险公司会自动划转，而该笔保费可能原定用于偿还某项到期债务，造成债务无法按期偿还，出现违约。

第二，关于基本账户（Ⅰ类账户）与支付账户（Ⅱ类账户和Ⅲ类账户），基础账户具有所有金融业务功能，包括投资理财、转账、提取现金、缴费网络支付等所有功能。这类账户在一个银行只能临柜开设一个账户，具有实体银行卡；Ⅱ类账户和Ⅲ类账户都是虚拟账户，没有实体银行卡，只需通过网络或手机银行即可开设，但必须绑定Ⅰ类账户，同一银行可以依据自身需要开设多个账户，但在每个非银行支付机构（如支付宝）只能开设一个Ⅲ类账户。这两类账户都不能提取现金，且只能向绑定账户转账，不能向非绑定账户转账，保证了这两类账户资金的安全性。Ⅱ类和Ⅲ类账户的区别在于，前者可以作为投资理财账户，投资于银行的理财产品、作为证券交易的保证金账户以及用于信用卡还款，用于缴费项目时，单日支付额度最高只有 10 000 元，投资理财产品额度不限，后者只有办理小额消费和缴费支付，余额最高限额为 1000 元。三者之间关系详见表 3-5。

表 3-5　个人银行结算账户类别

账户类别	Ⅰ类户	Ⅱ类户	Ⅲ类户
属性	实体银行卡	虚拟账户	虚拟账户
同一银行开户数量	1 个	多个	多个
用途	所有金融业务	只能投资理财缴费，不能取走现金、不能向非绑定账户转账	仅能办理小额消费及缴费支付
限额	据各银行规定	单日支付额度在 10 000 元以内，但购买理财产品的额度不限	余额在 1000 以内
账户开设	柜面办理	通过“绑定”Ⅰ类账户的办法在网上银行、手机银行申请开设	

4．预算与实际差异分析

建立金融账户体系，分析实际支出与预算差异后，根据差异的金额或比率大小，我们就能分析差异原因来检讨改进。差异分析应注意的要点如下。

第一，总额差异的重要性大于细目差异。如果实际支出总额和预算总额差异不大，但有些科目预算高估，有些科目预算低估的，不需进行专门调整。但如果持续两三个月仍如此，则根据实际支出更改个别科目预算即可。

第二，要订出追踪预算额和实际发生额之间的差异金额门槛或比率门槛。如果总额支出大于预算额 10%以上，就应挑出负面差异大的科目做进一步分析。可以实际超过预算 1000 元或 10%等门槛来作为追踪的标准。

第三，依据预算的分类分别分析。年预算一般以整年的达标率作为比较标的，月预算则以当月的差异作为控制要项。资本支出预算则是和原定整个资本支出计划做比较，储蓄也要尽量分为年储蓄和月储蓄进行预算。

第四，刚开始做预算如果差异很大时，应每月选择一个重点项目集中改善。刚开始做预算和记账的人常会发现，他们花的钱远比想象中高出很多，如预算支出 5000 元，但实际支出往往突破 8000 元。此时应制订分期改善计划，如每月缩减支出 500 元，分 6 个月来达成目标。每个项目都超支但每个月选择一个重点项目来寻求改善可能是最有效的达标方法。

第五，如果实在无法降低支出，就要设法增加收入。月储蓄预算和年储蓄预算是理财规划的重点，如果尝试许久还是无法降低支出，那就想办法以加班、兼职等各种方式来提高收入，通过提高收入预算的方式将新的预算水平作为实际收入追赶的目标。

任务 3.2 家庭信用与债务管理

3.2.1 个人信用管理

1．信用的重要意义

信用是一种先接受现金、商品或服务而后进行支付的活动。在现代社会中，个人信用在个人理财活动中发挥着不可替代的作用，已经成为维持家庭生活的必备要素。

1）信用支付能够使人们不用支付全部或足额现金就能提前享有商品所具有的价值，提高生活质量和生活水平，如通过房贷就可以立即入住价值远高于首付款的高档住房或提前拥有自己的住房。

2）通过个人信用贷款可以充分利用财务杠杆效应提升资产积累的速度。通过从银行或其他金融机构融资取得投资性贷款作为本金，投资高于银行贷款成本的项目，可以在自有净资产有限的条件下，获得超额收益。如通过证券公司融资、融券业务进行证券投资，通过银行抵押贷款或信用贷款投资实业、非金融产品等。

3）通过信用额度可以建立家庭紧急备用金，以节约家庭流动性资产储备。

4）通过个人信用还可以获得诸如提高身份象征、各项消费优惠或专享高端客户服务等。

2．信用损失形成原因的分析

目前我国虽然没有个人破产相关的法律法规，但个人信用丧失还是会给个人和家庭生活带来严重影响。一旦进入失信名单，生活上乘坐飞机、高档列车、旅游以及高档消费场所受限，个人信息作为“老赖”会出现在公众媒体上，给个人形象造成重大负面影响，更严重的是无法在银行或其他金融机构拥有个人资产，甚至承担民事和刑事责任。信用损失形成的原因主要有以下几方面。

1）意料之外的大额支出。因为意外事故导致的伤害或重大疾病等人身风险面临巨额的医疗费用；由于遭窃、火灾或自然灾害形成大额重建费用，当上述意料之外的情况发生时，由于额度超出现金储备和可变现资产总额，导致现金无法偿付现有负债，通过借贷以循环信用方式偿债也已经没有余地。

2）因为失业、失能或身故导致收入中断。在正常工作情况下可以支应的各项开销，一旦失业或因为意外伤害或疾病失去工作能力，收入中断后无法支付长期持续性的支出。

3）因一时疏忽或不便而未按期缴费。长期离家时忽视了水电、物业等方面的缴费，或因缴费卡余额不足没有及时关注水电、物业产品服务公司的提醒而未能及时缴费。

4）蓄意诈骗。通过办理多张信用卡恶意透支或提交虚假资料骗取贷款。

3．个人信用额度测定

信用额度是指银行在规定的一段时间内，授予客户可以循环使用的一定金额的信用限度，是实际借款额的上限。信用额度主要有：信用卡额度，即信用卡刷卡上限；房贷额度，根据抵押房产的价值、政府的房产政策以及银行本身的标准设定的房贷上限；个人信用贷款额度，银行根据个人收入水平、职业稳定性、家庭负担条件设定的信用贷款额度上限。

银行对个人的信用评估主要包括以下因素：首先是个人财务情况，包括绝对收入，低收入者收入中的大部分比例要用于家庭义务性支出，用于偿还贷款的收入比例过低影响信用评级评分；财务负担率高者评分低，一般以银行50%为可接受的上限；在贷款行有存款的评分高。其次是借款人非财务状况，包括年龄、职业、婚姻状况和家庭负担人口等。银行对借款人最高年龄有限制；职业稳定性大，评分高；已婚夫妇评分高于单身；家庭负担越重，评分越低。

对于抵押贷款，要考虑担保品的各项属性。作为主要担保品房产，首先要考虑房产所在城市；其次要考虑房龄与房屋状况、住房类型，评分从高到低分别是住宅、店铺、写字楼和厂房；再次要考虑房产用途，自住优于出租房，出租房优于空置房；最后，借款人是否是担保品所有人，银行一般不会允许以借款人的配偶、父母或子女名下的房产，作为抵押品，除了要取得房产所有权人的同意之外，还要求房产所有人，作为连带保证人。对于其他资产，流动性越高，价值波动越小，评分越高。

4．个人信用建立与维护

个人征信系统里收集的主要是个人在银行的基本信息，比如消费贷款，办理信用卡、信用保证等，银行的结算账户等信息也会进入信息库。但个人征集系统中主要信息是与银行的借贷信息，需要注意的是，从不与银行发生任何借贷关系，个人信用状况为空白，银行会认为无法快速判断信用级别而不是认为个人信用记录良好。

维护良好的信用记录需与银行之间建立起借贷关系，最常见也是最容易建立的借贷关系就是使用信用卡并按期足额还款，此后如果有条件，再与银行签订小额信用贷款协议，用于购买耐用消费品，逐步积累自己的信用。

在逾期记录发生后，在银行催缴期间写一份详细说明和申请，详细说明信用卡或者贷款没有按时还款的原因，并且立刻全额还款。但账户无须结清，可正常使用，最好能够提供抵押或担保，找办理信用卡或贷款银行的贷款办理部门说明情况，只要银行还没有把不良记录登记到人民银行的信用数据库，就可以请求银行消除不良记录。

如果是因为非本人原因造成的不良信用纪录，可以提起信用报告异议申请，申请人持本人有效证件，原件及复印件到人民银行征信管理部门提交报告，相关机构会对异议申请进行审核，确定无误就会更正。

3.2.2 个人贷款认知

1．还款方式

（1）等额本金与等额本息还款

等额本金还款是将贷款本金以年金方式分摊到每月，再以月初本金余额作为当月本金计算利息，每月还款额为本利和；等额本息还款是以每月初贷款余额作为现值，按剩余贷款期限计算年金方式的摊还额。假设贷款 10 万元，利率 12%，期限一年，按月还款，两种方式下，每月还款计划如表 3-6 和图 3-6、图 3-7 所示，具体计算方法见项目 4。

表 3-6 等额本金与等额本息还款计划示例 单位：元

还款日	还款方式							
	等额本金				等额本息			
	应付本金	应付利息	还款本息	剩余本金	还款本息	应付利息	应付本金	剩余本金
1月8日	8333.33	1000	9333.33	91 666.67	8884.88	1000	7884.88	92 115.12
2月8日	8333.33	916.67	9250.00	83 333.33	8884.88	921.15	7963.73	84 151.39
3月8日	8333.33	833.33	9166.67	75 000.00	8884.88	841.51	8043.36	76 108.03
4月8日	8333.33	750.00	9083.33	66 666.67	8884.88	761.08	8123.80	67 984.23
5月8日	8333.33	666.67	9000.00	58 333.33	8884.88	679.84	8205.04	59 779.19
6月8日	8333.33	583.33	8916.67	50 000.00	8884.88	597.79	8287.09	51 492.11
7月8日	8333.33	500.00	8833.33	41 666.67	8884.88	514.92	8369.96	43 122.15
8月8日	8333.33	416.67	8750.00	33 333.33	8884.88	431.22	8453.66	34 668.49
9月8日	8333.33	333.33	8666.67	25 000.00	8884.88	346.68	8538.19	26 130.30
10月8日	8333.33	250.00	8583.33	16 666.67	8884.88	261.30	8623.58	17 506.72
11月8日	8333.33	166.67	8500.00	8333.33	8884.88	175.07	8709.81	8796.91
12月8日	8333.33	83.33	8416.67	0.00	8884.88	87.97	8796.91	0.00
合计	100 000.00	6500	106 500.00	—	106 618.55	6618.55	100 000.00	—

通过对比，两种方法计算对借款人有以下意义：

1）最终所还本金相同，两种方法下贷款的本金都要偿还，采用的计息方法不影响本金的大小。

2）两种方法第一期所还利息相同，两种方法各项利息都是用期初的本金乘以利率来计算，第 1 个月本金都是 10 万元，因此，利息也相同都为 1000 元。

3）两种方法每月所还利息都在逐年下降，但等额本金法下降速度快于等额本息法，原因在于等额本金法在前期所还本金高于等额本息法。

4）等额本息平均摊还法本金每月在上升，随着本金的偿还，利息逐年减少，而该

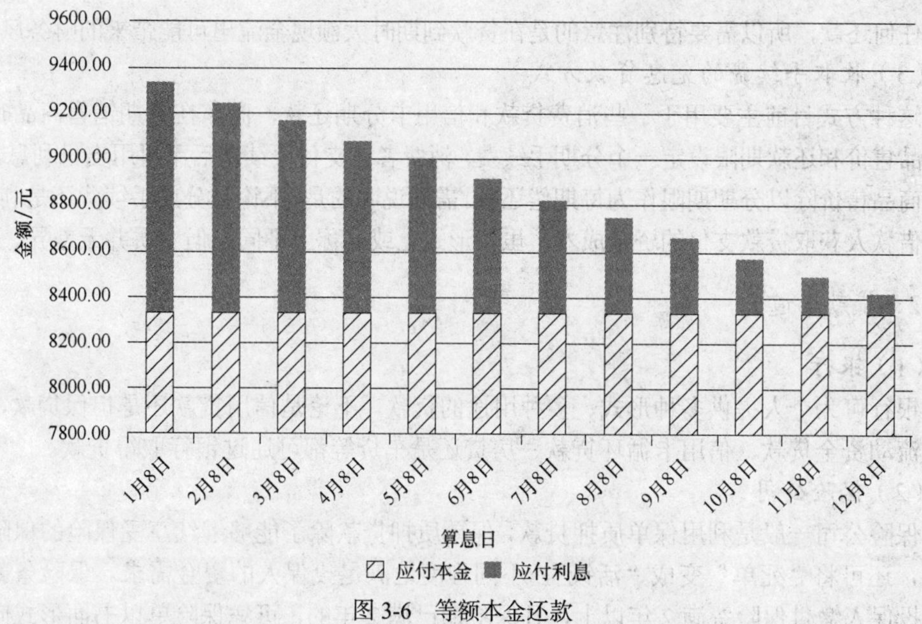

图 3-6 等额本金还款

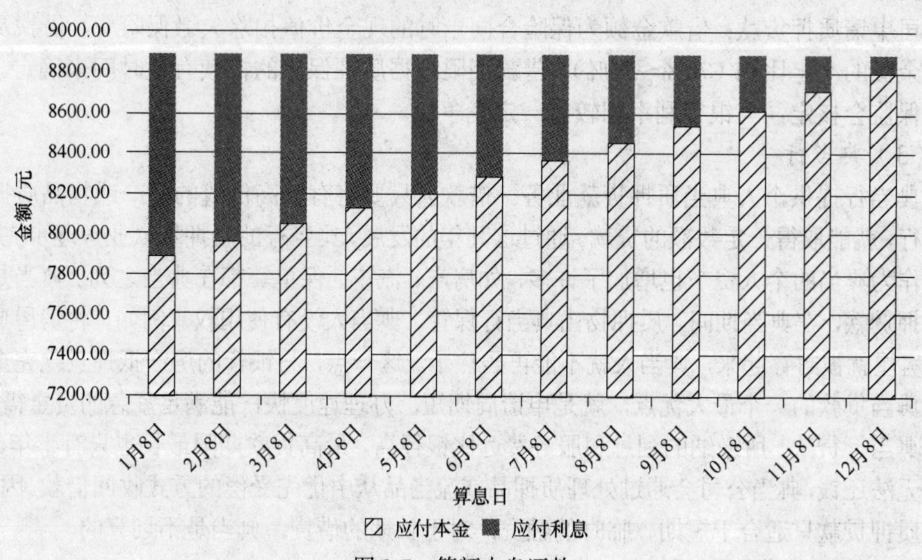

图 3-7 等额本息还款

方法下，每月供款额相等，因此，利息减少的同时，所还本金增加，而等额本金平均摊还法每月不变。

5）等额本息摊还每期所还本利和相同，本金摊还法逐年下降。

6）等额本金平均摊还法所还利息总额低于本利平均摊还法，这是因为在还款的前期，等额本金平均摊还法所还本金大于等额本息平均摊还法，因此，所产生的利息小。

（2）分次付息一次还本/一次性利随本清

这两种还款方式主要用于中短期贷款，且运用资金的时间有限，可以随借随还的情况。如家庭应急资金借款，消费性贷款以及投资贷款等。这两种方式由于平时只还利息或不用任何还款，所以需要特别注意的是在贷款到期时大额现金流出可能带来的财务风险。

（3）收取手续费的免息贷款方式

这种方式目前主要用于一些消费贷款和信用卡分期还款，商家在分期销售商品时，按商品售价和还款期限设定一个分期手续费，消费者在支付手续费后不再用支付利息，直接按商品售价除以分期期限作为每期偿还额。需要说明的是，不论是分期手续费还是利息，都是借款人获取贷款支付的资金成本，虽然形式上或名称上不同，但实质并无差异。

2．贷款渠道

（1）银行

银行可为个人提供多种形式、多种用途的贷款，不论是信用贷款还是担保贷款，消费性流动资金贷款、信用卡循环贷款、房贷还是车贷等都可通过银行取得贷款。

（2）保险公司

保险公司一般是利用保单质押贷款，保单质押贷款除了能够继续享受保险的保障功能外，还可将“死单”变成“活钱”，不同程度地满足投保人的资金需求。保险条款规定：投保人缴付保险费满 2 年以上，且保险期已满 2 年的，可凭保险单以书面形式向保险公司申请质押贷款；借款金额为保险合同当时的现金价值扣除欠缴保险费、借款及利息后余额的一定比例（70%～80%），借款期限根据质押保单的持续有效时间来确定。利率由保监会核定，与银行利率相较有一定竞争性。

（3）典当行

典当行提供个人典当质押贷款业务。借款人只要将有较高价值的资产或物品质押给典当行，就能取得一定数额的贷款。通过这几年的发展，典当行的质押贷款业务逐步完善，允许作为典当的个人资产也增加了许多，如房产、汽车、保单等都在典当之列。典当是一种质押贷款，在典当期间，质押物由典当行保管，典当人没有使用权。例如，将房屋典当后，房屋就被封存起来，典当人就不能再居住了。这一点，与银行的房产抵押贷款完全不同。典当贷款的一个最大优点，就是申请周期短，办理速度快，能满足紧急的资金需求。但向典当行贷款，所缴纳的利息和服务费远比银行高，最高贷款期限最长也只有半年。若到时无法还钱，典当公司会通过处理质押品或流当品从中优先受偿的方式收回借款。因此，典当质押贷款只适合于短期、临时的融资，对于长期的借贷，典当是不划算的。

（4）民间借款

民间借贷包括向亲戚朋友借款和向私人、小额贷款公司直接贷款。这种贷款的提供者由于考虑到民间借贷的风险，往往资金成本高。

（5）商业企业或网络平台

这种贷款通常是在购买商品或服务的过程中，由商家或网络平台提供的短期分期偿还或类似信用卡免息项目。如阿里巴巴的支付宝平台的“花呗”，各手机厂商或移动运营商提供的手机分期付项目。

3．贷款方式

贷款方式应根据自身使用贷款的用途确定：每月可还固定额度现金流量，选择每月本息摊还的方式，在可负担期限内把贷款还清，这种方式常用于长期贷款；短期内临时使用或应急资金，属于短期资金周转，可运用银行循环贷款额度随借随还，或通过信用卡提现、典当行或小额贷款方式，这些方式虽然利率高，但贷款时间短，因此利息总支出也不会太高。对于可以办理抵押或质押，尽量不要办理信用贷款，以抵押或质押贷款来降低利息负担，但抵押和质押在放款时间上一般会长于信用贷款，目前随着网络金融的发展，银行效率的提高，小额的抵押和质押放款时间也大大缩短。

3.2.3 消费性贷款规划

1．消费性贷款的类型

消费性贷款不仅可以从银行获得，还有来源于非银行金融机构、零售商、服务提供商等处。消费性贷款按照贷款目的是否确定分为目标确定信用贷款和目标开放信用贷款。

目标确定信用贷款是指贷款是为了完成标的物购买，贷款的目标确定，购置的标的物可当作所借额度的担保品。如购房贷款、购车贷款、耐用消费品分期付款等。由于这类贷款有抵押物，通常利率较低。

目标开放信用贷款是指贷款的目标不确定，可能用来购买各式各样的产品或服务，甚至用来投资，利率仍视有无担保品而定，通常比“目标确定信用”的利率要高。如抵押贷款、信用卡循环信用以及证券投资过程中的融资融券等。

2．个人消费性贷款产品

（1）住房贷款

住房贷款分为住房公积金贷款（详见任务 5.1）和商业贷款，住房公积金贷款利率一般低于商业贷款利率。目前无论是公租房公积金贷款还是商业贷款，其贷款基准利率都是由人民银行规定，各银行依据不同的房贷政策在一定的范围内上下浮动。住房贷款额度也是依据不同时期的房贷政策而定。住房贷款的偿还期限一般要求在退休前完成贷款偿还，偿还的方式主要采用等额本金还款法和等额本息还款法。

（2）汽车贷款

个人汽车消费贷款分为“直客式”和“间客式”两种模式。直客式是指借款人到贷款银行特约汽车经销商选购汽车，提交有关贷款申请材料，并由汽车经销商转交贷款银行提出贷款申请。银行贷款调查审批同意后，签订借款合同、担保合同，并办理公证、保险手续；间客式是指借款人直接向贷款银行提交有关汽车贷款申请材料，银行贷款调查审批同意后，签订借款合同、担保合同；借款人再到贷款银行特约汽车经销商处选购汽车；个人汽车消费贷款由贷款银行以转账形式直接划入汽车经销商的账户。

个人汽车消费贷款，借款人必须提供一定的担保措施，包括质押、以贷款所购车辆作抵押、房地产抵押、第三方担保等。还可采取购买汽车消费贷款履约保证保险的形式。贷款期限在 1 年以内的，可以采取一次性还本付息或按月还息、到期还本方式，贷款期限在 1 年以上的，可以采取等额本息还款法或等额本金还款法。

（3）生活消费贷款

生活消费贷款属于目标开放贷款，贷款目标范围广泛，包括旅游、生活、医疗、婚庆等一切与生活相关的开支，生活消费贷款渠道广泛，包括纯信用贷款（如信用卡额度）、抵押贷款（如汽车或房产抵押贷款）、质押贷款（如保单质押贷款）等，由于生活消费贷款属于短期性质，还款方式多采用一次性还本付息或随借随还方式。

（4）大学学费贷款

我国目前大学学费贷款分为国家助学贷款和一般商业性助学贷款。国家助学贷款主要是向高等院校（全日制普通本、专科生、研究生和第二学士学位学生）中的经济困难学生发放的，用于支付学杂费和生活费、保证贫困学生顺利完成学业的人民币贷款。贷款额度按照每人每学年最高不超过 6000 元的标准执行。借款人须在毕业后 6 年内还清贷款，其中可有 1 至 2 年的贷款宽限期，但贷款期限最长不得超过 10 年。

一般商业性助学贷款是银行对正在接受非义务教育学习的学生、直系家属或法定监护人发放的商业性贷款。贷款适用于学生的出国留学贷款、再教育进修贷款等。商业性助学贷款额度由银行根据借款人资信状况及所提供的担保情况综合确定，最高不超过 50 万元。贷款最短期限为 6 个月，最长期限不超过 8 年（含）。

3．消费性贷款管理

消费性贷款属于提前消费，容易产生冲动消费欲望，控制欲望和冲动消费，避免养成透支消费的习惯，是消费性贷款管理的首要原则。贷款期限方面应尽量缩短贷款期限，及时进行债务整合，降低利息负担，如以 12%的小额信用贷款替换 18.25%的信用卡债，用 7%抵押贷款替换信用 9%的信用贷款。消费贷款额度应有所控制，并不是越高越好，应该控制在家庭收入和资产可负担范围之内。控制指标通常包括两个方面：第一是比例控制，第二是额度控制。

1）比例控制具体包括财务负担率控制和总负债比率。

财务负担率＝偿还的本利和÷净现金收入

这一指标是反映每月还款占收入的百分比，是最为保守的贷款安全性（偿还贷款能力）衡量性指标。收入越高，收入中用于固定支出的比重低，可以用于偿还债务的比重高，财务负担率可以高一些；反之，这一比例应尽可能降低。一般情况下，如果包括房贷，这一比例应控制在 40%以下，如不包括房贷，应控制在 15%较为合理。

负债比率＝负债÷资产

这一指标反映的是家庭负债占资产的比例，即负债有多少资产作为保证，一般应控制在 60%以内。

2）额度控制包括信用贷款额度控制与抵押贷款额度控制。

信用额度上限由收入水平确定，是以财务负担率乘以收入作为偿还年金，结合贷款期限和利率，确定信用额度上限。如利率 10%，期限 2 年，每月收入 10 000 元，贷款安全比率为 15%，则信用额度上限为 30 936.35 元（PV(15%/12,2×12,-10 000×15%)，（计算方法详见任务 4.2）。

抵押贷款额度控制上限取决于两个因素：一是抵押物的价值与最高贷款乘数之积，

二是最高贷款能力月供本利和，在两者之中取较低者。最高贷款能力月供本利和是考虑了房贷的信用额度上限，计算方法与上述信用额度上限方法相同。如房贷利率 5%，期限 20 年，贷款安全比率为 40%，月收入 10 000 元，抵押品房产价值 100 万元，贷款成数 70%，则房产价值与乘数之积为 70 万元（100 万元×70%），考虑了房贷的信用额度上限为 606 101.25 元（PV(5%/12,20×12,-10 000×40%)（计算方法详见任务 4.2），后者小于前者，抵押贷款额度为 606 101.25 元。

4. 消费性贷款偿债规划

偿债规划涉及的是现金流量问题，家庭现金流量状况与收入、支出相关但并不完全取决于收入与支出，收入和支出只是产生现金流量的一个因素（具体内容请阅读任务 2.2）。家庭生活支出是否可以持续，并不是取决于收入，而是取决于与支出相对应的现金流入。因此，家庭理财过程中，现金流量指标要重于收支指标。在偿债规划方面首先要考虑的因素也是现金流量，如果没有现金流量用来偿债，家庭会立即陷入债务违约。

偿债规划应列入家庭收支预算，家庭收入在扣除税金及社保保障后，首先要用于满足固定支出，到期债务也是家庭固定支出的组成部分，但在固定支出中，首要满足的家庭的基本生活开支，其次才是偿债支出，在支出预算中要明确这一顺序，确保基本生活开支满足后有足够的现金资产用于偿还到期债务。

从偿债期限上，首要考虑的是临近到期的债务，而不是利率高的债务，不违约是债务规划首要原则。

3.2.4 投资性贷款规划

1．投资性贷款额度规划

投资性贷款可以使家庭通过财务杠杆效应实现财富迅速积累的同时，也加大了家庭财务风险，如果风险控制不当，可能会使家庭面临终身困境。因此，投资性贷款首先要考虑风险控制，而风险控制首先要从贷款额度开始，额度规划是财务风险控制的首要考虑因素，投资性贷款额度取还息能力上限、还本能力上限和银行可贷上限三项中的最小值。

还息能力上限＝年储蓄额/年利率

该指标是假设将年度所有储蓄用来偿还利息，如果实际偿还利息高于年储蓄，则本年度收入不足以应对支出，会出现收不抵支情况。

还本能力上限＝其他流动资金/停损率

该指标是假设家庭可运用流动资金全部用来偿还损失，如果损失超过流动资产，则家庭可能要通过变现自有资产来弥补投资亏损，降低家庭的资产效用，甚至使家庭生活陷入财务困境。

银行可贷上限＝总贷款额度－已贷额度

投资性贷款额度最高不能超过银行给定的额度。

例：张先生年储蓄 2 万元，年利率 7%，其他流动资产 4 万元，停损率设定为 10%，房屋价值 100 万元，有 40 万元房贷，可贷七成。计算张先生的投资性贷款额度。

解析：

还息能力上限＝2 万元/7%＝28.6 万元

还本能力上限＝4 万元/10%＝40 万元

银行可贷上限＝100 万元－40 万元＝60 万元

所以，取三项最小值，可贷额度 28.6 万元。

2．投资性贷款操作策略及收益计算

运用理财型房贷的投资策略规划，即定期结清定率获利停损法，如图 3-8 所示。

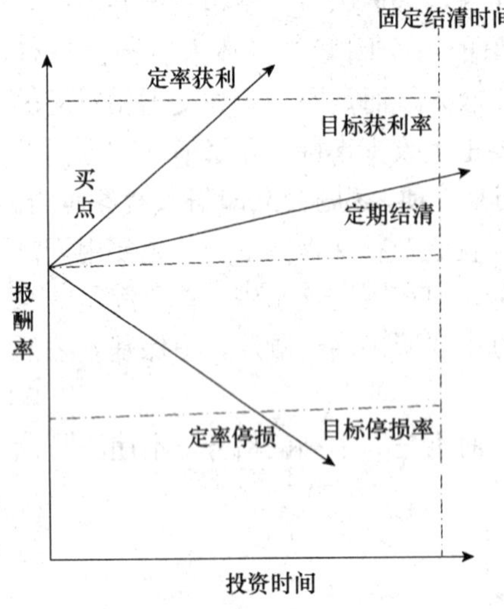

图 3-8 定期结清定率获利停损法

1）资金运用一季为一循环。

2）选择一季内获利可能超过 5%的投资工具进行投资。

3）设定获利点与停损点，在期限内达此点时卖出。例如一季获利 10%则卖出还借款，一季赔 10%则停损并卖出还借款。

4）期限已到而未达获利点或停损点时仍到期结清。如果借款的资金成本为一季 2%，获利 2%时到期，则到期结清时不赚也不赔；若在获利点结清则可净赚 8%；停损点结清则净亏损 12%。每季当作一个独立投资来运作，只要获利的次数高于亏损的次数，还是会有净利润产生。

投资者之所以运用贷款进行投资，主要目的在于通过投资性贷款发挥财务杠杆效用，提高净值报酬率。净值报酬率的高低取决于贷款利率与资产收益率之差，如果资产收益率高于贷款利率，贷款占有比例越高，财务杠杆收益越明显。

3.2.5 信用卡使用

自 1985 年我国第一张信用卡诞生以来，信用卡产业得到了长足发展，信用卡对扩大消费、便利居民日常生活和支持社会经济发展发挥了重要作用。

1．信用卡优点

和现金支付与借记卡相比，信用卡支付有如下优点。

1）方便安全。大额购物时不用携带大量现金，可避免被窃或遗失现金的风险。特约商店覆盖面越广，信用卡的方便性越大，出国时也不用事先兑换大额外币或旅行支票。

2）延迟付款节省利息。信用卡最大的功能是可以先消费后付款。通常国内银行从消费结账日到缴款日，最长有 56 天的宽限期。信用卡刷卡消费享受免息还款期待遇，在还款期内可以节约储蓄或现金从而多获得一份利息收益。

3）积累信用。信用卡消费及还款信息会记录于个人征信系统，每期持卡消费并按期足额还款，可以为持卡人积累信用。

4）临时应急。在急需用钱的时候信用卡的循环信用与预借现金的功能，可提供信用额度范围内的临时应急。

5）可利用信用卡月结单记账。月结单上载明每一笔消费的日期、地点、金额等，对持卡人而言类似记账的服务。有些发卡行还会对消费项目做分类，让持卡人知道过去半年或一年在衣、食、住、行、育、乐等各项目的消费状况，便于拟定预算或修正原有的消费模式。如果大部分的支出都通过刷卡，等于用信用卡账单写下自己的理财日记，配合一本收支统合的活期储蓄账户，不用记账就可以厘清每段期间现金进出流量。对于很难养成记账习惯的现代人而言有很大的帮助。

6）彰显身份。拥有一张额度比较高的白金卡，甚至是无限卡，或是限量发行的高尔夫球俱乐部等联名卡，都是一种身份的象征。

7）免费保险。持卡人以信用卡购买机票，可依普通卡、金卡、白金卡获得 5 万～100 万元的乘机意外险保障，另附加班机延误险及行李遗失险。

8）消费折扣或红利积点赠品。有些信用卡可享受某些特约商店特殊折扣，如加油折扣、保费折扣或机位升舱等的礼遇。多数发卡行都有根据签账额计算的红利积分，可换取赠品。

2．信用卡使用成本

信用卡使用成本包括以下几种。

1）年费。除高端卡种外，大多数普通卡种都会设定每年刷卡超过最低次数或消费金额而免收年费的优惠。

2）信用卡透支利率。对于超过宽限期未还款项，透支利率实行上下限管理，上限为日利率万分之五，下限为日利率万分之五的 0.7 倍。信用卡透支的计结息方式由发卡机构自主确定。

3）信用卡溢缴款利息。信用卡作为贷记卡，一般不设置存款功能，对于溢缴款项是否计付利息以及溢缴款利率标准由发卡机构自行确定。

4）违约金。对于持卡人违约逾期未还款的行为，发卡机构应与持卡人通过协议约定是否收取违约金以及违约金的收取方式和标准。

5）货币兑换费。对于多币种信用卡，用外币结算而用人民币还款时，涉及货币兑换费用，发卡机构收取货币兑换费。

6）取现手续费。信用卡预借现金业务包括现金提取、现金转账和现金充值。其中，现金提取，是指持卡人通过柜面和自动柜员机（ATM）等自助机具，以现钞形式获得信用卡预借现金额度内资金；现金转账，是指持卡人将信用卡预借现金额度内资金划转到本人银行结算账户；现金充值，是指持卡人将信用卡预借现金额度内资金划转到本人在非银行支付机构开立的支付账户。通过 ATM 等自助机具办理现金提取业务，每卡每日累计不得超过人民币 1 万元；通过柜面办理现金提取业务、通过各类渠道办理现金转账业务的每卡每日限额，由发卡机构与持卡人通过协议约定；发卡机构可自主确定是否提供现金充值服务，并与持卡人协议约定每卡每日限额。

7）其他费用。包括短信通知费用、挂失费用、换卡手续费等，如表 3-7 所示。

表 3-7 某银行信用卡收费标准

类别	收费
信用卡年费	金卡主卡 300 元/年，附属卡 150 元/年； 普卡主卡 100 元/年，附属卡 50 元/年
循环信用利率（透支利率）	日利率 0.05%（即年利率 18.25%），按月计收复利
预借现金手续费	境内：2.5%，最低 25 元/笔； 境外：银联为 3%，最低 40 元/笔； 境外：Master、JCB、Visa 为 3%，最低 5 美元/笔
违约金	透支本金不超过 20 元或 3 美元时，违约金按透支本金收取；透支本金超过 20 元时，违约金按照最低还款额未还清部分的 5%，最低人民币 20 元或 3 美元收取
消费短信提醒	人民币 36 元/年
挂失手续费	磁条卡：人民币 60 元/卡；IC 卡：人民币 75 元/卡
损坏换卡手续费	磁条卡：人民币 15 元/卡；IC 卡：人民币 30 元/卡
快递费	人民币 20 元/封
开具证明手续费	人民币 20 元/份
溢缴款领回手续费	转出金额的 5‰；最低人民币 5 元或 1 美元，最高人民币 50 元或 7 美元
跨境查询手续费	人民币卡跨境查询手续费：人民币 2 元/笔；美元跨境查询：0.3 美元/笔
代收跨境交易手续费	交易金额的 1.5%
调阅签购单手续费	副本：境内人民币 20 元/笔；境外 3 美元/笔
境外紧急补发卡手续费	VISA：175 美元/卡；Master ：155 美元/卡；JCB：60 美元/卡
补制纸质对账单手续费	最近 12 个月各月对账单可免费补寄一次；索取上述以外对账单，每次每月收取人民币 10 元/份
分期手续费	按协议或约定收取

3．信用卡免息期与循环利息计算

（1）免息期计算

银行记账日至发卡银行规定的到期还款日之间为免息还款期。持卡人在到期还款日之前，偿还所使用的全部款项，可享受免息还款期待遇，无须支付非现金交易的利息。持卡人透支消费享受免息还款期和最低还款额待遇的条件和标准等，由发卡机构自主确定。因为消费记账日期不同，可享受的免息期也不同。

计算信用卡免息还款期有三个日期概念很重要：记账日，账单日以及还款日。

记账日是银行垫款给商家的基准日，是利息的起算日期，通常与消费刷卡相隔 0～3 天，如果是用信用卡提领现金，提领日即为记账日；账单日是结账期的最后一天，是每月固定日期；还款日是按账单日后按还款期计算的还款日期。银行可以自行确定信用卡的账单日和还款期，因此，不同的信用卡账单日不同，还款日也有差异。

例如，某持卡人的账单日为每月 7 日，到期还款日为每月 27 日，若 3 月 7 日该持卡人消费 10 000 元，且该笔消费款于 3 月 7 日记入其信用卡账户（即记账日），则对账单日起 20 天内为免息期。如果第二天 3 月 8 日记账日，该笔消费记入 4 月 7 日账单，到期还款日为 4 月 27 日，免息期为 50 天，如图 3-9 所示。

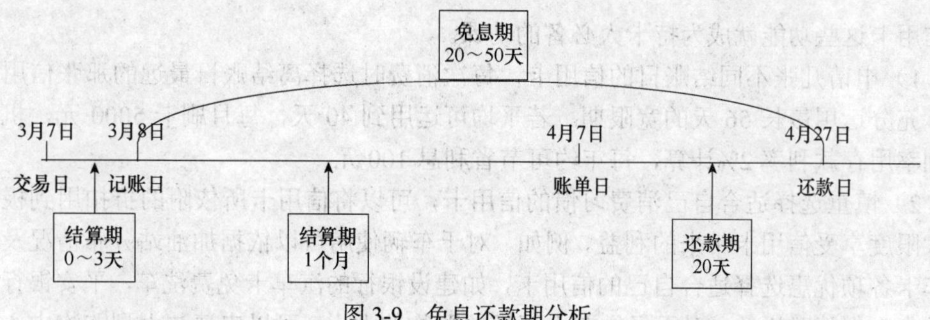

图 3-9　免息还款期分析

（2）循环利息计算

只要没有在最后缴款日之前把所有的消费款缴清，就有循环信用余额发生。首先，循环信用以日计息，利息起算日以记账日计算。其次，要明确结账日，利息的计算是从记账日至结账日后的实际还款日。最后，要明确计算的基础，是对消费款全部而不仅指欠款。如某银行规定：持卡人在免息还款期内偿还全部款项的，无须支付当期非现金交易的利息。否则，全部交易不享受免息还款期待遇，须按日息万分之五支付全部交易自记账之日起至实际还款日止的透支利息。透支利息采取循环计息方式按月计收复利。

（3）关于最低还款额

《银行卡业务管理办法》规定持卡人在到期还款日前偿还所使用全部银行款项有困难的，可按照发卡银行规定的最低还款额还款。如某银行规定：每期最低还款额为年费、违约金、上期账单最低还款额未缴纳部分、分期业务当期账下本金以及由此产生的利息的 100%，加上利息、其他服务费用和当期账单交易本金的 10%。其他服务费用包括但不限于：预借现金手续费、分期手续费、消费短信提醒费、挂失手续费、损坏换卡手续费、快递费、开具证明手续费、调阅签购单手续费、补制纸质对账单手续费、溢缴款领回手续费、跨境查询手续费、代收跨境交易手续费、境外紧急补发卡手续费、卡片定制工本费、权益定制年费等。若客户首次进行正常还款（即还款金额不低于当期账单中的最低还款额），次月起每月最低还款额自动由原来的 10%减至 5%。

同时，需要特别强调提，最低还款额是指使用循环信用时最低需要偿还的金额，按最低还款额还款，省去违约金，但不能享受免息待遇。如果只以最低还款额还款，将会产生循环利息。如某银行规定：选择最低还款额方式不享受免息还款期待遇，乙方在到期还款日前未能偿还最低还款额的，视为违约，除须支付欠款利息外，还须支付违约金。

（4）关于预借现金利息

预借现金业务不仅需支付预借现金手续费，且不能享受免息待遇。如某银行规定：持卡人办理信用卡预借现金业务，须承担按相应的预借现金手续费率计算的手续费，且预借现金本金不享受免息还款期待遇，须按日息万分之五支付自记账之日起至本金全额还款日止的欠款利息。

4．掌握信用卡使用技能

信用卡在使用过程中，由于有免息期的存在以及信用卡刷卡优惠等，最大限度地利用信用卡这些功能就成为持卡人必备的功课。

1）申请几张不同结账日的信用卡，每次消费时选择离结账日最远的那张信用卡消费，充分运用最长 56 天的宽限期。若平均可运用到 40 天，每月刷卡 5000 元，机会成本利率用存款利率 2%计算，每年约可节省利息 100 元。

2）慎重选择适合自己消费习惯的信用卡，可以将信用卡所依附的折扣用到极致，最大限度享受信用卡带来的利益。例如，对于车辆使用可以依据加油站分布情况及银行汽车卡各项优惠选择适合自己的信用卡，如建设银行的汽车卡免费洗车，平安银行汽车卡的大额保障赠送等；对于经常在大商场的购物的女士，可以申请与大型购物中心合作发行的联名卡，如招商银行的银泰卡。

3）善用分期付款，并非财务吃紧时才需要分期付款，假如价格相同，刷卡分期付款一样可以省息。买 2 万元的商品，无息分期付款约可省息 400 元。

4）积分礼品作为信用卡推广的一个优惠活动，虽然日益轮为鸡肋，但和自己的实际需求相结合，也不失为一个可以考量的内容，如有的汽车联名卡可以赠送汽油，旅行卡可以赠送住宿或里程。

5．信用卡额度测定

信用卡额度是在信用卡申请过程中由银行依据个人的信用记录和对其还款能力的综合评价而确定，并随着信用卡的合理使用，银行会自动逐步提高额度或由持卡人申请提高额度。在此过程中，如果控制不力，信用卡额度有可能会超出个人还款能力范围，导致信用卡过度使用而增加财务风险。

信用卡额度的最高限额应是持卡人每月用于还信用卡债务的金额至少能够偿还最低还款额和利息，最低还款额一般应为所需还本金余额的 10%，日利率一般为万分之五。由此，信用卡最高信用额度可用以下公式测算

$$\text{信用卡最高信用额度}=\frac{\text{月收入}\times\text{收入还款比例上限}}{\text{最低还款额比例}+\text{月利率}}$$

6．认识信用卡使用误区

1）每期以最低还款额还款。信用卡最大的优惠在于免息期的优惠，如果每月都是以最低还款额缴款，则要按日利率万分之五收取利息，等于向银行每月按年利率 18.25%贷款消费，这比任何其他银行贷款成本都要高。因此，在资金允许的情况下，一定要全额还款。

另外，如果每期只按最低还款额还款，随着刷卡次数的增加，本金会逐步上升，同时，每期的利息会形成复利而不断增加，最终会导致还款总额达到信用额度，如果信用超额超出还款能力，就会出现破产的情形。

2）认为信用卡利息不高，用于消费借贷或投资成本都不高。

首先，要通过信用卡获得收益，必须是进行投资，简单的消费只有费用支出而不会获得收益。作为短期个人流动资金贷款，从历史数据可以看出，信用卡 18.25%的利率，远远高于其他贷款。因此，作为消费性贷款，运用信用卡透支是最不明智的选择。

其次，如果以信用卡透支作为投资性项目的筹资方式，一般而言，投资项目的投资收益率高于18.25%是极少可能发生的，财务杠杆效应只能显示负效应，即透支越多，亏损越大。特别是做股票投资。信用卡虽然是审核最松、核发速度最快的筹资方式，但股票市场充满了不确定性，而信用卡18.25%的高利率负担是确定的，期望以此笔钱来赚更多的年收益是不确定甚至是不现实的。长期而言，股市投资年收益可达到平均报酬率18.25%的投资者甚少。以确定的债务负担博取不确定的收益是股票投资的大忌。

任务 3.3 紧急备用金规划

3.3.1 紧急备用金储备原因分析

家庭发生一些风险事件可能会给导致家庭大量的现金流出，使家庭陷入财务困境。通过紧急备用金储备为家庭规避上述风险是家庭理财的必备内容。一般家庭发生紧急备用金需求主要有以下两个方面的原因。

1. 失业或失能导致的工作收入中断

失业主要是由于企业裁员或员工疾病。企业如果倒闭或裁员，失业者虽然在一定时期内能够领到失业保险金，但作为社会保障，失业保险金只是保障人的最基本生活需求，这部分保障并不能完全满足生活及债务支付需要；另外在经济景气指数下降时，就业难度较大，可能会较长时间找不到新的工作，这一期间可能会长达 3 个月甚至半年。如果因意外伤害或身心疾病因素导致失业，这种失业伴随着失能，虽然可以投保失能保险来获取生活费用，但失能保险主要保障的是长期失能的风险，因此，最少也有 3 个月的免责期间，也就是说失能的前 3 个月没有月保险给付金，需自己负责。因此，即使认为自己不可能失业，若已投保失能险者仍要针对失能状况，准备至少 3 个月免责期间固定支出的紧急备用金，未投保失能险者可准备 6 个月。

2. 紧急医疗或意外灾变所导致的超额费用

家庭成员的突发疾病或因为天灾、遭窃等导致财产损失而需要重建或重购支出时，一时的庞大支出可能远超过收入能力，此时也要有一笔紧急备用金才能用以应对这些突发的状况。但这一费用往往难以估计，需要依靠对客户的身体状况以及家庭安全保障状况等给予综合评价。

3.3.2 紧急备用金测算

1. 用于失业保障的紧急备用金测算

失业后没有了工作收入，但每月的固定支出并未减少，固定支出包括每月基本生活费、固定的债务支出以及续保保费。这些固定支出的保障可通过存款、可变现资产和净资产三个层次来进行保障。

存款保障是最基本和最保守的保障，按经验估算，一般三个月足够，从家庭基本保障出发，家庭存款应该占有家庭月固定支出的 3 倍。除家庭存款外，其他可变现资产也可用于固定支出，只是存在变现风险，这些资产包括定期存款、股票、基金等流动性较强的投资性资产，不包括汽车、房地产、古董字画等变现性较差的长期性资产。当失业持续时间超出 3 个月时，家庭将不得不将这些资产变现，按经验估算，可变现资产应保障失业期为 6 个月。当持续失业超过半年时，不仅要取出存款或变现股票、基金，可能还要卖掉自用资产，还清房贷后以余额来支付生活费用。此为最广义的定义失业保障定义，即用净资产总额作为失业保障，其保障期间应高于 12 个月以上。

在享受社会保障前提下，工作离职后可领取 6 个月以上的离职金，或已到可领取退休金的资格，那么为预防失业的最低可变现资产额度也可降低。如果是因伤病或意外而失能时，投保失能险或意外险，获得的保险赔付扣除医疗赔付后也可作为失业紧急备用金。

2．用于应对意外事故或自然灾害紧急备用金测算

应对意外事故和自然灾害应通过保险规划来解决，但一方面在出险后保险公司可能会出现赔付时滞，另一方面有些损失额较小的风险可以以自留风险的方式来解决。因此，在应对意外事故或自解灾害方面，留有一定的紧急备用金还是必要的。

就该方面紧急备用金金额，可以通过下列公式来测算

应对意外事故或自然灾害紧急备用金＝（可变现资产＋保险理赔金或保险给付－现有负债）－（5 至 10 年生活费＋房屋重建装修成本）

公式中，可变现资产加保险理赔金或保险给付可以视为为意外事故或自然灾害而准备的资产，扣除负债是可用于意外事故或自然灾害的资产。负债的扣除可以预防因意外事故和自然灾害的发生而导致的资不抵债的情况发生。事故或灾害发生后准备的生活费要视亲人变故后遗属需要多久才能从意外打击中重新振作起来而定，短则 5 年，最长可达 10 年。

3.3.3 紧急备用金的储备形式

从资产配置角度，紧急备用金储备主要考虑存款保障，可变现资产保障与净资产保障是投资规划的中长期规划考虑，存款保障可以用两种方式来储备：一为安全且流动性高的活期存款或短期的定期存款；二为备用的贷款额度。

1．在机会成本方面的比较

按一般投资规律，安全且流动性较高资产其收益率较低，而投资于长期项目可以平滑风险，而投资收益较高，以存款筹备紧急备用金，会由于丧失长期投资机会而发生机会成本。以备用的贷款额度作为紧急备用金储备，则可以将原用于紧急备用金的存款资产用作长期投资从而避免机会成本的发生，但可能会因为使用贷款额度而支付较高利率的利息。因此，使用何种方式储备紧急备用金，要视不同情况作不同配置。如长期投资环境不佳，则持有现金是最好决策；反之，利用贷款额度更佳。另外，需要说明的是，作为紧急备用金，一般持续的时间不会太长，而投资是个长期获利的过程，如果将资金长期作为存款以备短期的紧急备用，可能丧失获得的机会成本大于贷款额度带来的利息

成本，即使贷款利率大大高于存款利率。

2．两者搭配的方式

在存款与贷款额度搭配时，要梯度搭配，即存款用来应对发生频率较高的紧急需要，而贷款额度应对偶发事件的需要。如月固定支出为5000元，拟定的紧急备用金为6个月的固定支出，即3万元，此时可将1万元放在活期存款当作第一笔紧急备用金，另外再向银行设定紧急备用额度2万元。一般情况下，可能有七成以上概率即使当月收入无法支付当月支出，1万元的活期存款额度可以随时挪用应急，待有收支结余时再补回。也可能有三成以内的概率一时的大笔支出连1万元的存款余额也不够应对，此时就要用到预先设定的备用额度，虽需支付较高的利率，但预期时间不会太长，整体说来这种搭配较为稳健。

项目实训

实训1：在下图分别列示收入预算、支出预算项目，并举例说明。

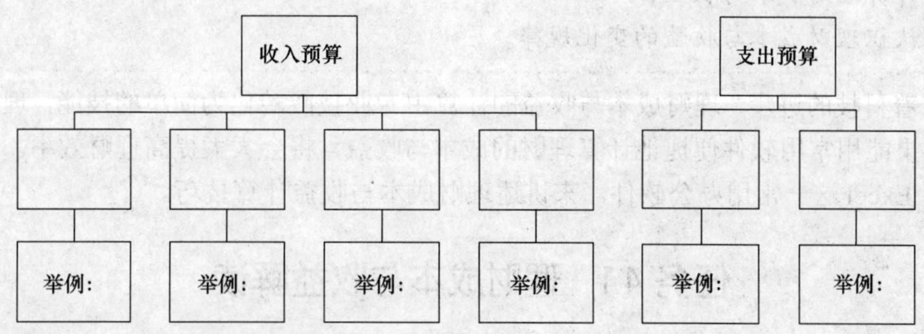

实训2：简要描述家庭预算管理的基本原则。

实训3：结合自己家庭情况编制一张简要的收入预算表、支出预算表，并阐述预算控的方式。

实训4：为自己建立一个金融账户管理体系，并阐述该账户体系使用要点。

实训5：阐述当今生活环境下，建立个人信用对个人重要意义。

实训6：运用各种渠道分别收集等额本息（金）还款、分期付息到期还本/一次性利随本清以及收取手续费的免息贷款应用案例。

实训7：简要描述投资性贷款操作策略。

实训8：某持卡人的账单日是每月10日，还款期是20天，该持卡人5月8日刷卡消费并于当天计入信用卡账户，则此笔款项免息期是多少天？

实训9：结合自己家庭的具体情况，阐明紧急备用金储备的原因，并分别按失业保障和应对意外事故和自然灾害两种情况分别说明如何建立紧急备用金账户。

项目4　理财成本与收益计算

📖 项目介绍

本项目阐述理财成本与收益的相关理论知识基础，运用 Excel 办公软件讲解如何高效计算理财成本与收益，并对理财成本与收益的主要变化规律做了描述。

📖 学习目标

通过本项目的学习，学生应能够熟练运用 Excel 办公软件计算理财成本与收益。

📖 工作任务

理财成本与收益解读；

计算理财成本与收益；

认识理财成本与收益的变化规律。

随着科技的进步，理财成本与收益的计算由专业技能转化为简单的技能，理财实践中，如果能用常用软件便捷地计算理财的成本与收益，将会大大提高理财效率。本项目将运用 Excel 这一常用办公软件，来讲述理财成本与收益计算技巧。

任务 4.1　理财成本与收益解读

假设张先生经营一家私营企业，由于近期资金周转紧张，张先生提出向您借款 10 万元用于企业流动资金周转，期限三个月，三个月后归还 10 万元，在不考虑人际关系等其他因素条件下，您是否愿意出借这笔资金给张先生？理由是什么？

在此案例中，仅从经济角度考虑，资金出借者一般都会毫不犹豫地拒绝张先生的请求，原因主要是基于三方面的考虑：首先，其他投资渠道所能获得的最高收益（机会成本）；其次，风险与风险报酬（要求风险补偿）；第三，通货膨胀因素（要求通货膨胀补偿）。

4.1.1　机会成本与货币时间价值

1．机会成本的概念

机会成本是指在资源有限的条件下，把一定量资金投资于某个项目而放弃其他项目时其他项目所能获得的最高收益（即次优项目收益），这一最高收益是财务决策的判断标准。

在不考虑风险和通货膨胀条件下，是否将 10 万元出借给张先生，取决于是否有其他投资收益高于将此款项出借给张先生所获得的无风险收益。假设目前除将款项借给张先生以外，还有银行存款（收益率 2.5%）、理财产品（收益率 4%）以及债券投资（收益率 3.5%）三个投资项目，假设三个项目都属于无风险收益，这三个项目中的最高收益 4%即为出借款项决策的判断标准，也是出借款项决策的机会成本，其他两个项目则不予考虑，因为在同等条件下，人们一定是倾向于选择收益最高的项目。

2．机会成本与货币时间价值

同一数量的货币，消费和投资是两个相对应的机会成本。投资的成本即为放弃当前消费的机会成本，只有当投资所获得的价值增值（投资收益）大于消费欲望的满足感（投资成本）时，人们才会选择投资，理财实践中，通常用无风险报酬率代表上述投资所获得的价值增值，称之为货币时间价值。

货币时间价值是经过一段投资后所获得的价值增值，从这一意义上讲：等量资金在不同时间点上的价值量是不同的，随着时间的推移，价值会逐步降低；一定量的货币随着时间的推移会发生增值。

除货币时间价值所获得的无风险报酬外，投资收益中还应包括项目所含承受风险应获得的风险补偿和由于通货膨胀而产生的通货膨胀贴水。

4.1.2　风险与风险报酬

理财的决策过程由于存在着缺乏可靠的信息（如股票投资过程中缺乏对企业信息的充分了解）和不可控制事件（如宏观经济政策的变化），投资过程伴随着风险。在理财过程中，通常将风险与不利事件同损失相联系，严格意义上讲，风险只是一种不确定性，是指特定环境和时期，某一事件发生的实际结果与预期结果之间的差异程度，差异程度越大，风险越大。因此，风险在投资过程中，可能引致损失，也可能带来高于预期的收益。投资者愿意冒风险而获取高于市场平均收益，称为风险报酬。风险报酬反映了投资者对项目风险的评价，风险越大，投资者要求的报酬越高，如图 4-1 所示。

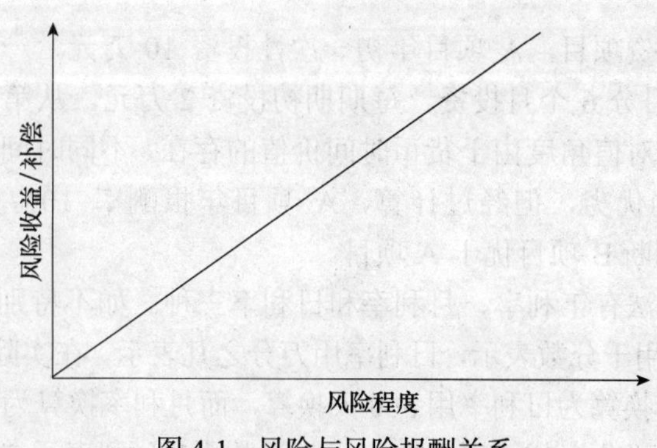

图 4-1　风险与风险报酬关系

4.1.3　通货膨胀补偿

通货膨胀是指社会整体价格水平的上升，通常用消费价格指数（CPI）作为衡量通货膨胀的指标，这一指标表示的是不同时期为购买一篮子商品所支付的成本的价格指数。这一篮子商品包括食品、衣物、住房、燃油、运输、医疗、学费及其他日常生活所必需的商品和服务。对个人理财来讲，通货膨胀会侵蚀投资利润，特别是长期投资和恶性通货膨胀时期，投资项目对通货膨胀的补偿是必须考虑的重要因素。我国自改革开放以来通货膨胀的变化如图 4-2 所示。

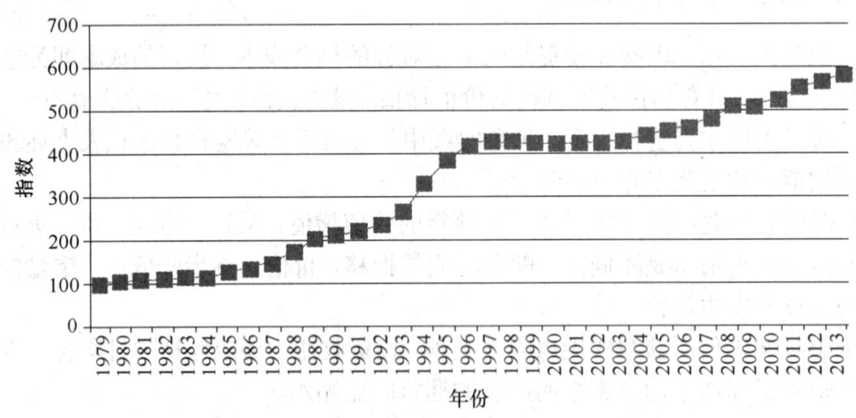

图 4-2　改革开放以来我国居民消费价格指数变动

以上三因素构成了理财收益总值，理财总体收益计算公式为

理财总体收益＝货币时间价值（无风险收益）＋风险报酬＋通货膨胀贴水

4.1.4　理财成本与收益的表达

理财收益可以用绝对数表示，也可以用相对数表示，如银行存款收益可以用利息额和利息率表示。在理财实践中对这两种表示方法并不作严格区分，通常以相对数进行计量。其原因在于对于不同投资额、不同投资期和项目用绝对值往往无法判断项目收益的高低，融资成本也是同样道理，而用相对数就可以轻松地对比出项目的成本或收益差异。

如两个不同的投资项目，A 项目年初一次性投资 10 万元，一年到期后直接收回本利和 11 万元；B 项目分 6 个月投资，每期期初投资 2 万元，从第 7 个月始，每期期初收回 2.11 万元。从绝对值角度由于货币时间价值的存在，不同时间点上的不同我们无法直观判断两个项目的优劣，但经过计算，A 项目年报酬率 10%，B 项目年报酬率为 10.76%，可以直观判断 B 项目优于 A 项目。

利息率的表示方法有年利率、月利率和日利率三种。如不特别说明，年利率一般用百分数表示，月利率用千分数表示，日利率用万分之几表示。在实际换算中，年利率除以 12 为月利率，年利率换算为日利率用 360 天换算，而月利率换算为日利率用 30 天换算。

民间借贷通常用“分”或“厘”来表示相对数，1 分利表示单位货币 1 元每月的 1 分利率，即月利率 1%，换算为年利率为 12%。如 10 万元的一笔借款，1.5 分的利息，借款 2 周所应支付的利息为

$$100\,000\times1.5\%\times\frac{14}{30}=980\text{（元）}$$

任务 4.2　计算理财成本与收益

4.2.1　财务函数计算工具选择：Excel

理财规划计算有系数表、财务计算器、理财软件以及 Excel 电子表格四种工具可供选择，各有优劣。系数表最简单和直观，但只能将利率和时间精确到整数，且系数表容纳的内容非常有限，只适用于课堂学习；财务计算器具有便携性，计算结果的精确性也能满足理财计算的要求，但所反映的计算过程不直观且操作复杂，需要经过专业培训和长期应用方能熟练掌握；理财软件受软件设计思想的局限，内容缺乏弹性或数据更新会有时滞；Excel 电子表格计算准确，通过电子表格进行理财内容和过程的演示，能够直观反映计算过程，特别是在处理较为复杂的计算时，比财务计算器容易和方便。随着智能手机的普及，Excel 办公软件从计算机移动到手机操作平台，其便携性与财务计算器相当，目前已经代替了财务计算器成为财务函数计算的首选。本书采用财务计算的常用软件 Excel，其中 WPS 表格软件与 Office 的 Excel 应用相似。

1．调用财务函数

在 Excel 中应用函数进行理财计算，首先要调用财务函数，调用 Excel 财务函数的方法主要有两种。

1）通过菜单调用函数，其步骤如下所述。

步骤 1：打开 Excel 电子表格。

步骤 2：菜单中选择【插入】。

步骤 3：下拉菜单选择【函数】（Office 2007 版直接在菜单栏选择“公式”中“插入函数”或直接点击编辑栏前的“f_x”）。

步骤 4：出现插入函数对话框，在选取类别框中选择【财务】。

步骤 5：在财务函数中选择需要的函数。

2）使用“公式记忆键入”。要更轻松地创建和编辑公式并将键入错误和语法错误减到最少，可使用“公式记忆键入”。在键入“＝”（等号）和前几个字母或某个显示触发器之后，Excel 会在单元格下方显示一个与这些字母或触发器匹配的有效函数、名称和文本字符串的动态下拉列表，就可以使用 Insert 触发器将下拉列表中的项目插入公式中，如图 4-3 所示。

2．常见财务函数及参数

个人理财中常用 Excel 财务函数，其参数如表 4-1 所示。

在计算理财收益与成本时，需要计算哪个值，公式中就用该值相对应的函数，如需要计算某项投资的终值（本利和），就需要在公式中应用终值函数 FV，用“公式记忆键入”的方式，在某一单元格中输入“＝fv”或“＋fv”

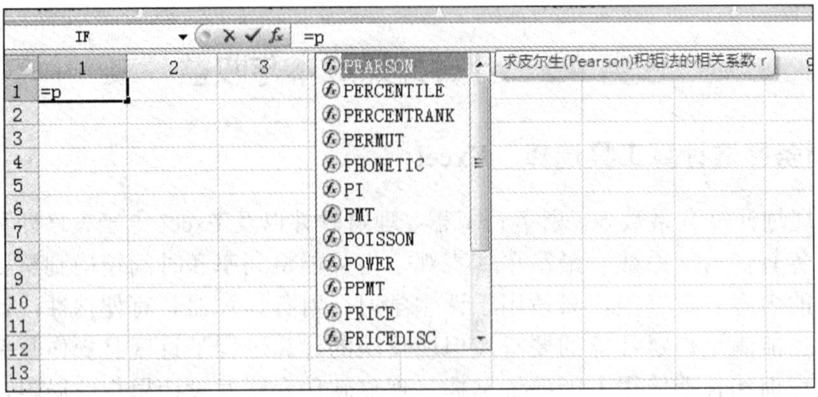

图 4-3　公式记忆键入函数

表 4-1　常见 Excel 函数及参数

标记符号	含义	注解
PV	现值	基于固定利率及等额分期付款方式，某项投资的现在值
FV	终值	基于固定利率及等额分期付款方式，某项投资的未来值
PMT	年金/等额分期偿还额	基于固定利率及等额分期付款方式，某项投资每期付款额
RATE	投资报酬率/贷款利率/折现率	计算参数函数的固定利率
NPER	投资或贷款的期数	计算参数或函数的投资期
IRR	内部报酬率	按固定时间间隔产生系列现金流的报酬率
TYPE	年金模式参数	指定付款时间在期初还是期末，期初为 1，期末为 0
EFFECT	实际利率	利用给定的名义年利率和每年的复利期数，计算有效的年利率
NOMINAL	名义利率	基于给定的实际利率和年复利期数，返回名义年利率
NPERY	复利期数	每年的复利期数

3．输入财务函数参数

在函数调用后，参数的输入有两种方法：一是在对话框或函数中直接输入，建议采用直接输入，注意输入不同数值间用逗号分隔，如图 4-4 所示。二是直接应用 Excel 表格输入，如图 4-5 所示。

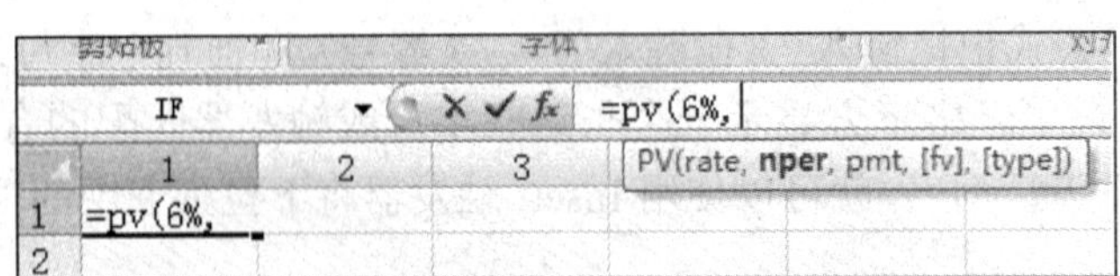

图 4-4　在函数中直接输入参数

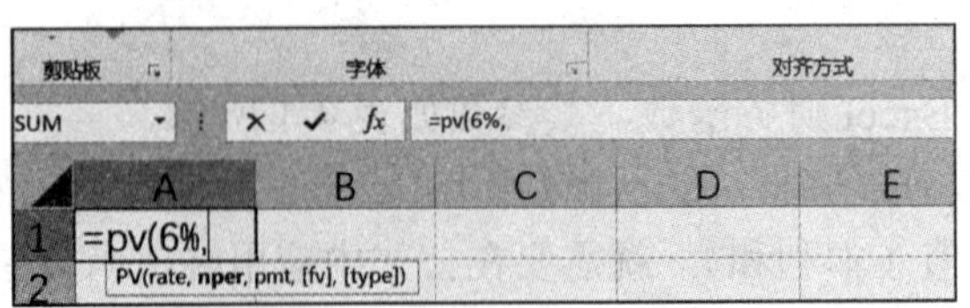

图 4-5　直接应用 Excel 表格输入参数

使用要点：①在使用函数时，各参数的前后顺序固定，顺序错误会得出错误结果或无法算出结果；②当参数为0时，可以输入0或选择不输入；③利率与复利期间必须相配合。如果是以月为复利期间，就要用月利率；④RATE、NPER以及PMT的复利和支付期间必须一致，如按月复利，必须用月利率，每月支付；⑤PV，FV，PMT需正确运用现金流入与流出概念。

4.2.2 认识现金流量

运用Excel财务函数进行财务计算，首先要掌握理财的现金流量概念。现金流入和流出统称为现金流量，如收到薪资收入为现金流入，家庭消费支出产生现金流出；投资视为现金流出，获取的收益和本金的回收视为现金流入。某一期的现金流入扣除现金流出为净现金流量，即

净现金流量＝现金流入量－现金流出量

需要说明的是，在Excel财务函数应用中，需分别用正负号注明现金流入和流出方向。现金流量正负是一个相对的概念，同一现金流量在对应不同的情况下可能是现金流入，也可能是现金流出。如每期的教育金储蓄相对于本期的收入是现金流出，如果收入为正，则教育金储蓄为负；对于教育金的支出项目，每期教育金储蓄是现金流入，如果教育金储蓄为负，则教育金支出为正，如果将每期教育金储蓄视为正的现金流量，则未来教育金支出为负。在实际应用过程中，需区分两个现金流量的方向是相同或相反即可。

4.2.3 现值（PV）与终值（FV）计算

1．认识现值与终值

理财成本与收益的计算主要基于两部分组成：现值和终值，这两个概念在理财过程中被广泛应用。

通过上述理财成本与收益解读，我们了解到在时间序列上不同时间点的现金流量是不等价的。人们都偏好现在的现金流量，因此，不同时间序列的现金流量比较和加总没有意义，在比较和加总之前必须将所有现金流量集中到同一时间序列上的同一时间点。

现值指的是时间序列上不同时间点的现金流量现在的价值，也称即期价值或本金，计算现值的过程称为折现；终值指的是时间序列上不同时间点的现金流量未来的价值，也称本利和，计算终值的过程称为复利。

但对于某一期的现值与终值，其差是本期的收益值或成本值的绝对数，俗称利息。

利息＝现值×利率＝终值－现值

2．单一现金流量模型

单一现金流量是指在整个时间序列中，只有一个期初现值和所对应的一个未来终值，如图4-6所示。

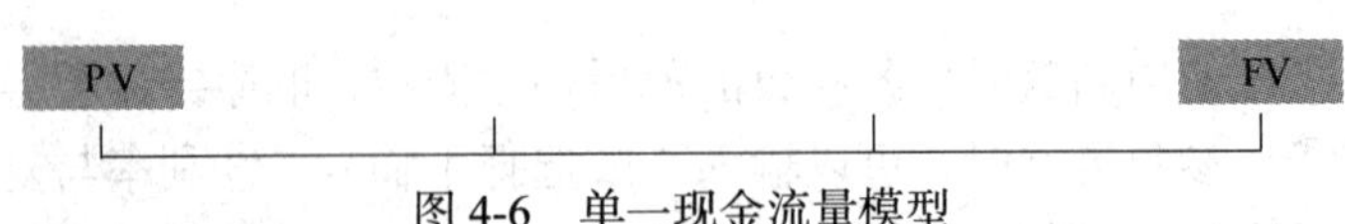

图 4-6 单一现金流量模型

（1）单期模型（单利）

理财规划计算的单期模型是将各个计算期间视为独立的单一期间，计算下期的成本或收益时，不考虑上期的成本或收益，每期的现值（本金）相等，这种计算方法俗称单利。计算模型如图 4-7 所示。在理财实践中，单项模型计算主要用于银行定期存款利息计算、国债利息计算等。

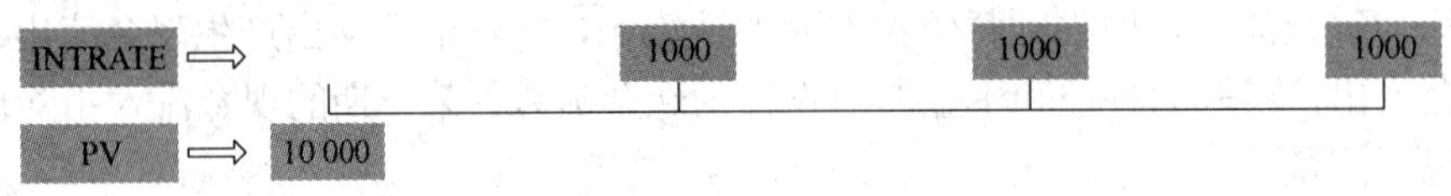

图 4-7 理财规划计算单期模型

示例 4-1：某项目投资 1 万元，年收益率 10%，三年后该项目本利和共多少元？

解析：该理财规划项目投资额 1 万元为现值，三年后的本利和为现值的未来价值，即终值，运用单利计算，各期的现值即投资额不变，均为 1 万元。

终值＝现值＋现值×利率×投资期

＝现值×（1＋利率×投资期）

＝10 000×（1＋10%×3）

＝13 000（元）

示例 4-2：李先生为女儿两年后大学教育金储蓄，预计到期需 3 万元，目前 2 年期定期存款利率为 3%，李先生现在需要为女儿投资多少元？

解析：李先生将钱存入银行定期存款，银行定期存款采用的是单利模式折现，利息是用目前投资额计算。

现值＝终值÷（1＋利率×投资期）

＝30 000÷（1＋3%×2）

＝28 301.89（元）

（2）多期模型（复利）

理财规划计算的多期模型是将各个计算期间视为同一个投资项目，在计算下期成本或收益时，上期的成本或收益会作为下期的现值（本金），这种计算方法俗称利滚利，即复利，如图 4-8 所示。在理财实践中，投资收益与融资成本主要用多期模型计算，本书后续计算一律采用多期模型（复利），Excel 中的财务函数也是运用多期模型（复利）计算，为便于理解和应用，后续用财务函数表达计算过程。

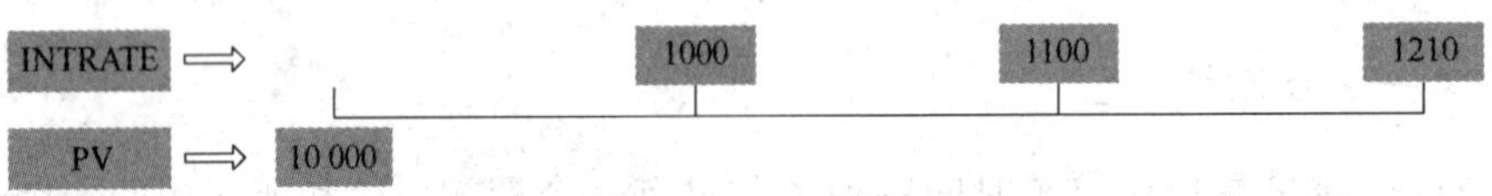

图 4-8 理财规划计算多期模型图

示例 4-3：同示例 4-1，用多期模型计算，三年后的本利和是多少？

解析：运用多期模型计算，第 2 年和第 3 年投资额分别是上年度的终值（本利和），用财务函数 FV 计算。

步骤 1：在单元格中输入“＝FV（”或“＋FV（”；

步骤 2：按“参数工具提示 FV（rate, nper, pmt, pv, type）”依次输入参数，各参数含义见表 4-1，其中：

rate 年报酬率，此参数为 10%；

nper 复利期间为年，此参数为 3；

pmt 为年金（见后续内容），此示例中不涉及年金，此参数为 0 或不输入；

pv 为现值，目前投资本金 10 000 元，此参数为 10 000 元；

type 用从指定各期的付款时间是在期初还是期末，0 或省略代表支付时间为期末，1 代表支付时间为期初。此示例不涉及，输入 0 或不输入。

步骤 3：参数输入完成后，直接按回车键显示计算结果。

三年后的本利和＝FV（rate, nper, pmt, pv, type）
＝FV（10%,3,0, -10 000,0）
＝13 310（元）

参数输入过程中需要特别注意的是：投资参数 pv 是现金流出，用负值，计算结果本利和是现金流入，是正值。

示例 4-4：同示例 4-2，李先生将教育金投资于某理财产品，利率与定期存款利率相同，但采用复利计算收益，李先生应为女儿教育金投资多少元？

解析：运用多期模型计算，计算李先生目前的投资额即运用多期模型对未来的支出额折现，利用 PV 函数计算。

教育金投资额＝PV（rate, nper, pmt, fv, type）
＝PV（3%,2,0, -30 000,0）
＝28 277.88（元）

单期模型（单利）和多期模型（复利）计算和结果比较分析，如果投资期限大于一期，对于相同的现值，多期模型复利的结果大于单期模型，反之，对于相同的终值，多期模型折现的结果小于单期模型，原因在于多期模型将前期投资获得的收益作为后期的投资额，因此，在整个投资时间序列中，多期模型的投资额高于单期模型。

3．年金模型

年金（PMT）模型是指在某一固定时期内相同的时间间隔发生的相同现金流量。即此现金流量符合三大要素：相同时间间隔、相同的金额与相同的现金流量方向。

年金的现金流量可以发生在期初，也可以发生在期末。

（1）期末年金/普通年金

每期期末发生的年金称为期末年金或普通年金，如房贷按月偿付额、月储蓄额的基金定投等，其现金流量示意图如图 4-9 所示。

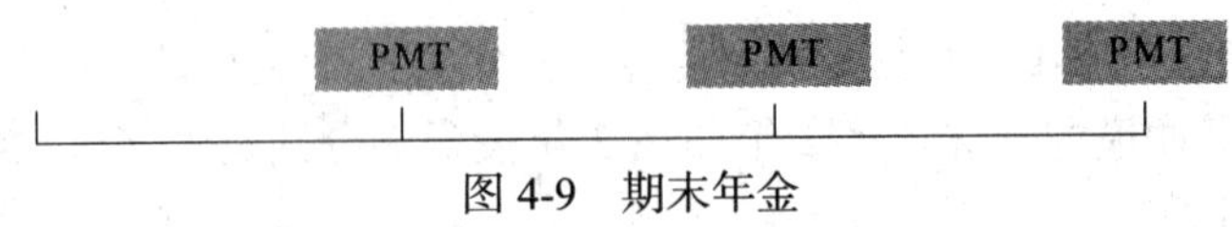

图 4-9 期末年金

（2）期初年金/即付年金

每期期初发生年金称为期初年金或即付年金，如学费支出、房租、养老金领用、保险费支出等，其现金流量示意图如图 4-10 所示。

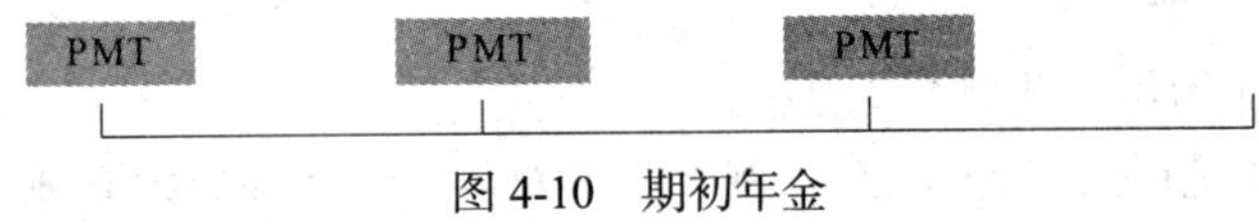

图 4-10 期初年金

（3）年金现值

由货币时间价值概念可知，不同时间序列相同的货币其价值不同，对比或汇总不同时间序列的货币，需将不同时间序列货币折算到同一时间点上，将不同时间序列的年金折算后进行加总，就可以计算年金的现值。

示例 4-5：张先生为儿子出国留学建立信托基金，供儿子两年的生活费用，信托基金的投资收益率 4%，每月应提供生活费 3000 美元，张先生应为该基金投入多少美元？

解析：张先生儿子以后每月从信托基金领取的生活费为按月复利的期初年金模型，现在投入额为按月复利的年金现值 PV，所以用函数 PV 计算。其中，利率为月利率（4%÷12），期限为 24 个月，期初年金参数 type 为 1。

投入基金的投资额＝PV（rate, nper, pmt, fv, type）

＝PV（4%/12, 2*12, -3000,, 1）

＝69 315.03（美元）

示例 4-6：同示例 4-5，假设除每月生活费外，张先生还为儿子准备两年后毕业及回国费用 5000 美元，张先生现在应为该基金投资多少美元？

解析：在示例 4-5 年金模型基础上，该示例增加了一个终值，只需在现值函数参数中输入此参数，需要注意的是此参数与每月生活费都是本金的领取，现金流量方向相同。

投入基金的投资额＝PV（rate, nper, pmt, fv, type）

＝PV（4%/12, 2*12, -3000, -5000, 1）

＝73 931.23（美元）

（4）年金摊销

在某些情况下，知道现金流量的现值，而需要对年金进行估计。如计算每月房贷的还款额。

示例 4-7：张先生按揭购买一套房产，办理了 20 年期的商业贷款 60 万元，利率 6%，合同约定还款方式采用等额本息法。

解析：银行办理的商业房贷按月偿还，采用等额本息法每月还款额构成一个期末年金模型，用年金函数 PMT 计算。按月偿还，利率用月利率（6%÷12），期限 20 年×12 月，期末偿还，参数 type＝0。

每月还款额＝PMT（rate, nper, pv, fv, type）

=PMT（6%/12, 20*12, -600 000,,0）

=4298.59（元）

（5）年金终值

同年金现值相同，为了计算将不同时间序列货币进行汇总或对比，我们也可以将年金复利计算终值并加总，其值就是年金的终值。

示例 4-8：张先生 45 岁，准备 65 岁退休，决定每年为自己的退休基金投入 50 000 元，假设基金报酬率 8%，张先生退休时共可储备多少退休金？

解析：张先生从现在每年储备的退休金形成一个期末年金模型，计算退休时退休金总额用终值函数 FV 计算。

可储备退休金总额=FV（rate, nper, pmt, pv, type）

=FV（8%,65-45,-50 000,,0）

=2 288 098.21（元）

示例 4-9：同示例 4-8，假设张先生已经储备了 30 万元退休金，张先生退休时可储备多少退休金？

解析：已储备 30 万元的退休金与每年储备的 50 000 元退休金是现金流量是同方向。

可储备退休金总额=FV（rate, nper, pmt, pv, type）

=FV（8%,65-45,-50 000,-300 000,0）

=3 686 385.36（元）

（6）偿债基金

在理财实务中，经常会出现以年金模型方式储备资金，在将来偿还一笔债务或完成一个特定目标，即在终值给定的条件下，计算每期应储备额。如养老金储备、子女教育储备以及年缴保险费。

示例 4-10：张先生投资了一款年缴费 30 000 元的保险产品，每年 6 月 1 日为缴费日，张先生选择了一款收益率为 6%的定期投资理财产品储备保费，在已经投入 10 000 元基础上，张先生每月还应储备多少元正好可以满足 6 月 1 日缴纳的保险费。

解析：张先生每月储备构成了期末年金模型，已经投入的 10 000 元现金流量方向与年金储备相同，与应缴保费相反，用年金函数 PMT 计算。

每月应储备额=PMT（rate, nper, pv, fv, type）

=PMT（6%/12,12,10 000,-30 000,0）

=1571.33（元）

（7）增长型年金

增长型年金是指以不变增长率（g）增长，并在相同间隔时间进行支付的现金流量，如生活费用，其现金流量示意图如图 4-11 所示。

图 4-11　增长型年金

增长型年金通过一个函数无法直接计算，可以充分运用 Excel 的单元格“引用”功能方便地计算出增长型年金的现值与终值。计算过程是将上述单一现金流量模型和年金模型综合应用，先用单一现金流量模型计算出各年的增长型年金现金流量，再计算各期现金流量现值或终值，最后用年金模型的计算思路将各期现值或终值模型加总，得出增长型年金的现值或终值。

示例 4-11：张先生准备三年后购房首付款，计划今年年末储备 15 万元，并以每年 5%的速度增长，假设张先生投资报酬率为 8%，那么 3 年后，张先生可积累多少首付款？

解析：运用终值函数计算得出张先生每年的储备额，形成一个增长型年金，如表 4-2 中 B 列所示，再运用终值函数将 B 列各年的储备额计算其三年后的终值，如 C 列所示，最后将 C 列各年终值加总得出三年后积累的首付款总额。

表 4-2 增长型年金终值计算演示

序号	A	B	C
1	年限	各年储备额（元）	各年储备额终值（元）
2	1	150 000.00	174 960.00
3	2	157 500.00	170 100.00
4	3	165 375.00	165 375.00
5	三年后积累的首付款		510 435.00

其中：

B2＝FV（5%,A2-1,,-150 000,0） C2＝FV（8%,3-A2,,-B2,0）

B3＝FV（5%,A3-1,,-150 000,0） C3＝FV（8%,3-A3,,-B3,0）

B4＝FV（5%,A4-1,,-150 000,0） C4＝FV（8%,3-A4,,-B4,0）

C5＝SUM（C2:C4）

4.2.4 净现值与内部报酬率模型

净现值（NPV）和内部报酬率（IRR）是用来判断当投融资项目的现金流量呈现不规则现金流量状况即各项的流入或流出方向和金额不同时，投融资项目的成本或收益。

1．净现值模型

净现值是反映一个投资项目运用投资者的预期报酬率将整个项目的现金流量（包括现金流入和现金流出）折现后的现值之和。如果 NPV＝0，现金流入现值等于现金流出的现值，表明投资项目的投资收益为预期报酬率；当 NPV 为正数，现金流入的现值大于现金流出的现值，表明投资项目的投资收益高于预期报酬率；反之，则低于投资报酬率。作为投资项目的评价方法，净现值越大表明投资收益率越高。

示例 4-12：某投资项目投资总额为 30 万元，投资期 3 年，首年年初投资 50%，后续两年年初各投资 25%。第 3 年末起，每年现金净流入分别为 6 万元，8 万元，10 万元，8 万元和 15 万元（最后一年包括收回投资 10 万元），投资项目预期报酬率为 8%，评估该项目是否值得投资？

解析：评估该项目是否值得投资的标准是整个项目的投资报酬率是否大于预期报酬

率 8%，通过计算系列非规则现金流量的净现值，在 Excel 单元格 B10 中输入净现值函数 NPV，如果净现值为正数，则该项目值得投资。计算过程如表 4-3 所示。

表 4-3　净现值（NPV）计算演示

	A	B
1	项目经过时间	各年净现金流量
2	0	−150 000
3	1	−75 000
4	2	−75 000
5	3	60 000
6	4	80 000
7	5	100 000
8	6	80 000
9	7	150 000
10	NPV	26 558.26

其中：B10＝NPV（8%,B2:B9）

通过 Excel 计算，净现值为正数，表明该项目投资报酬率高于预期报酬率 8%，值得投资。

2．内部报酬率模型

内部报酬率（IRR）是反映投资项目净现值为 0 时的贴现率，即项目的收益率。当内部报酬率大于预期收益率时，表明现金流入现值大于现金流出现值，说明净现值为正数，项目值得投资；反之，不值得投资。

示例 4-13：同示例 4-12，计算该项目的内部报酬率。

解析：用内部报酬率评估该项目是否值得投资的判断标准是内部报酬率是否高于预期收益率。在 Excel 单元格 B10 中输入内部报酬率函数 IRR，计算过程如表 4-4 所示。

表 4-4　内部报酬率（IRR）计算演示

	A	B
1	项目经过时间	各年净现金流量
2	0	−150 000
3	1	−75 000
4	2	−75 000
5	3	60 000
6	4	80 000
7	5	100 000
8	6	80 000
9	7	150 000
10	IRR	10.33%

其中：B10＝IRR（B2:B9,0.01）

通过 Excel 计算，内部报酬率为 10.33%，高于预期报酬率 8%，值得投资。

任务 4.3 认识理财成本与收益变化规律

4.3.1 复利期间与利率转换模型

1．复利期间

在理财实务中，复利期间一般以月度、季度、半年度或年度为一个复利期间，在同一时间内，复利期间越短，复利次数越多，一定量的现值条件下其终值越大，与终值相反，一定量的终值条件下现值越小。

示例 4-14： 年初投资 100 元，年利率 12%，分别按年度、半年度、季度和月度为一个复利期间，计算 1 年后的终值。

解析： 以年度为复利期间，利率为 12%，期限为 1，现值为 100 元。

其终值＝FV（12%, 1, 0, -100）＝112（元）

以半年度为复利期间，利率为 12%/2＝6%，期限为 2，现值为 100 元。

其终值＝FV（12%/2, 1*2, 0, -100）＝112.36（元）

以季度为复利期间，利率为 12%/4＝3%，期限为 4，现值为 100 元。

其终值＝FV（12%/4, 1*4, 0, -100）＝112.55（元）

以月度为复利期间，利率为 12%/12＝1%，期限为 12，现值为 100 元。

其终值＝FV（12%/12, 1*12, 0, -100）＝112.68（元）

本示例可以看出，随着复利期间缩短，复利次数增加，终值也会增加，其原因在于随着复利期间缩短，同一年度内，后期各时间序列的本金会有所增加，如表 4-5 所示。

表 4-5 现值 100 元，利率 12%，不同复利期间各月本金变化一览表

复利期间	1月	2月	3月	4月	5月	6月	7月	8月	9月	10月	11月	12月
年度	100	100	100	100	100	100	100	100	100	100	100	100
半年度	100	100	100	100	100	100	106	106	106	106	106	106
季度	100	100	100	103	103	103	106.09	106.09	106.09	109.27	109.27	109.27
月度	100	101.00	102.01	103.03	104.06	105.10	106.15	107.21	108.29	109.37	110.46	111.57

2．利率转换模型

从示例 4-14 中可以看出，同一时间段，相同的现值和利率，复利期间不一致，最终终值会有所差异，其实际利率不同。在理财实务中，名义利率（NOMINAL）是指投融资机构所公布的利率，而复利期间不同，得到的项目实际投资收益率或融资成本率称之为实际利率或年有效利率（EFFECT）。

两者换算公式为

$$年有效利率=\left(1+\frac{名义利率}{复利期数}\right)^{复利期数}-1$$

示例 4-15：计算 6%的名义利率在不同复利期间下的年有效利率。

解析：已知名义利率为 6%，运用 Excel 函数 EFFECT 换算年有效利率，如表 4-6 所示。

表 4-6 不同复利次数下的年有效利率

	A	B	C
1	复利期间	复利次数	年有效利率
2	年度	1	6.000 0%
3	半年度	2	6.090 0%
4	季度	4	6.136 4%
5	月度	12	6.167 8%
6	日	365	6.183 1%
7	时	8760	6.183 6%
8	分	525 600	6.183 7%

其中：C2＝EFFECT（6%,B2） C3＝EFFECT（6%,B3） C4＝EFFECT（6%,B4）
C5＝EFFECT（6%,B5） C6＝EFFECT（6%,B6） C7＝EFFECT（6%,B7）
C8＝EFFECT（6%,B8）

4.3.2 复利的时间效应

由于复利是利息的利息，随着投资时间的推移，投资项目滚存利息越来越多，其产生的利息越高，其本利和（终值）不仅随着时间的推移在增加，而且呈现加速增加的趋势。

如图 4-12 所示，1 元的终值在不同投资报酬率和投资期下的变化。

在投资利率为 10%的报酬率下，1 元的终值在 10 年后为 2.59 元，前 10 年仅增长了 1.59 元（1.59＝2.59－1.00），而后 10 年则增长了 4.14 元（4.14＝6.73－2.59），同样条件下，后 10 年增长的速度明显加快。以 20 年和 40 年后终值比较，20 年后，1 元的终值增长了 5.73 元（6.73－1），而 40 年后则增长了 44.26 元（45.26－1），投资期增长 1 倍，但终值却增长了 5.73 倍。这一示例告诉我们，复利的计息方式使得投资期的长短成为终值大小的一个决定性因素，所以时间是提升投资效果的一个重要资源。

图 4-12 分别列示了 5%报酬率和 10%报酬率下终值的变化趋势，由图 4-12 可以看出，收益率越高，时间因素对终值的影响越明显，其原因在于报酬率越高，前期积累的利息越多，加之后期利率高，双重因素作用下，终值就会提升的更快。

同理，在相同的条件下，利率越高，时间越长，未来要获得一定量的终值，其现值就越小，如图 4-13 所示。

4.3.3 72 法则

72 法则是指在已知投资报酬率条件下，一项投资多长时间可以增长 1 倍的估算法

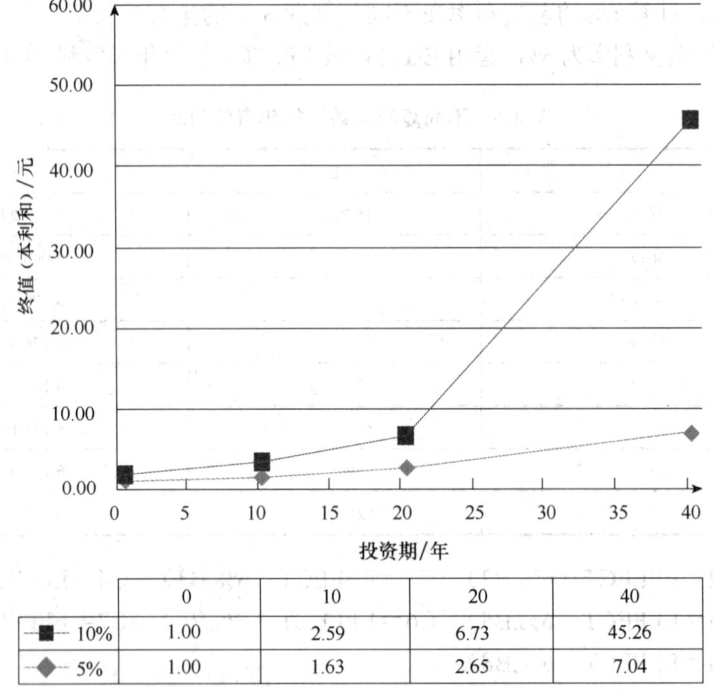

	0	10	20	40
10%	1.00	2.59	6.73	45.26
5%	1.00	1.63	2.65	7.04

图 4-12　不同报酬率在不同期间的终值

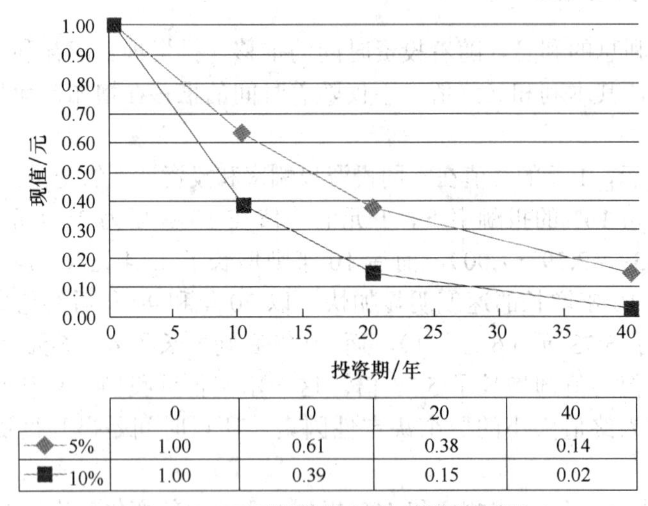

	0	10	20	40
5%	1.00	0.61	0.38	0.14
10%	1.00	0.39	0.15	0.02

图 4-13　不同报酬率在不同期间的现值

则。具体计算方式是：如果年利率是 r%，则投资增长 1 倍所需时间为 72/r。如投资报酬率为 10%，则该项投资增长 1 倍所需的时间为 72/10＝7.2 年，同理，如果一项投资增长 1 倍所用时间为 10 年，则该项目报酬率预估为 7.2%（72/10＝7.2）。

值得注意的是，这一法则只是估算值，如果利率过高或过低，该法则不再适用。具体误差如表 4-7 所示。

表 4-7　72 法则估算误差

报酬率	72 法则测算	实际值	绝对误差	相对误差	报酬率	72 法则测算	实际值	绝对误差	相对误差
1%	72.00	69.66	2.34	3.36%	30%	2.40	2.64	0.24	9.16%
5%	14.40	14.21	0.19	1.36%	40%	1.80	2.06	0.26	12.62%
10%	7.20	7.27	0.07	1.00%	50%	1.44	1.71	0.27	15.77%
15%	4.80	4.96	0.16	3.22%	60%	1.20	1.47	0.27	18.63%
20%	3.60	3.80	0.20	5.31%	70%	1.03	1.31	0.28	21.26%
25%	2.88	3.11	0.23	7.28%	90%	0.80	1.08	0.28	25.92%

从表 4-7 中可以看出，在报酬率为 10%左右，72 法则估算结果较为准确，报酬率过低或过高都使估计结果失去参考价值。

项目实训

实训 1：某理财项目平台近期推出一款稳盈安 E 产品，项目起投金额 20 000 元，年利率 8.4%，按月等额本息收款，项目期限 3 年，张先生投资 80 000 元，计算张先生每月收款额度。

实训 2：某理财项目平台推出一款基金产品，利率 5.6%，总投资期 225 天，张先生投资 50 000 元，计算产品到期后，张先生应收本利和为多少？

实训 3：张先生准备购买一套住房，按月收入比例，张先生预计每月可还款 3000 元，贷款期限 20 年，目前贷款利率为 5%，计算张先生可贷款总额为多少。

实训 4：小李购买一款手机，手机报价 3988 元，小李分 12 期付款，每期付款 342.3 元，帮小李计算购买该款手机的利息成本。

实训 5：刘女士购买了一款某保险公司销售的养老金产品，年交保费 10 000 元，交费期限 20 年，保障至 85 岁，刘女士每年可领取 4977.2 元养老金，帮刘女士计算该项目的收益。

项目5 理财目标管理与投资规划

📖 项目介绍

本项目介绍了个人生涯的三大规划：居住规划、子女教育规划和退休规划，内容涉及理财目标的需求分析以及理财工具的选择。

📖 学习目标

通过本项目的学习，学生应了解各项理财目标需求测算的基本方法，并能够合理地选择相对应的理财工具。

📖 工作任务

居住规划；
子女教育规划；
退休规划。

作为理财规划的基本内容之一，投资规划为生涯目标提供财务支持，投资工具的选择必须与不同的生涯目标相匹配。

任务 5.1 居 住 规 划

5.1.1 居住规划的必要性

居住是生活最基本条件，作为生存必要支出，居住规划如果不恰当或缺乏居住规划，可能会使家庭陷入财务窘境或一生都未能实现购房梦想。这种情况通常是由以下几方面原因形成。

第一，购房时只关注首付和房产面积，导致贷款压力过大，成为房奴。在购房时抱着银行的贷款不用白不用的思想，选择最低首付条件下能够买到最高房价的房产，导致在房贷还款时压力过大，如果没有考虑收入变化弹性，在购房后不敢跳槽或创业，严重影响自己的职业生涯规划，甚至有的人房产交付后面临无钱装修，依然租房的尴尬境地。

第二，没有进行购房规划，一味追求居住一步到位，结婚首次购房为追求大面积而选择离市中心较为偏远的市郊，在周边配套设施较差的情况下，影响了后期孩子的教育、医疗等，每年还不得不为多余的大面积房产支付高额的物业费。

第三，没有一个具体可行的购房规划，从未针对购房强制储蓄，以致首付款迟迟未能备齐，在购房时通过负债方式筹集首付款，导致负债压力过大，甚至购房愿望可能随着房价上涨不能筹齐首付而最终成为奢望。

5.1.2 购房规划

1．“房涯”规划

“房涯”规划是指购房要配合负担能力，且在一生中随生涯阶段的改变而换房。成家前或新婚族首次购房，以一居至二居小面积住房为主，使用3～5年。当小孩需要独立房间时，可考虑换购二居至三居住房，同时注重周边小学、中学的质量与小区配套设施，至少住10年以上。到中年时，如果能力足够，可考虑以居住品质与休闲功能为主，进行二次换房，以三居至四居住房为主，让已上中学、大学的孩子有较好的居住环境与较大的独立空间，或把届时已年迈的父母亲接过来一起住，尽孝养之道。到退休后，子女已独立居住，可换购较小面积但兼顾医疗、休闲、景观的银发族住宅，变现部分资金供退休后的生活需求。

2．购房能力分析

购房能力分析是购房规划的一个重要环节，在购房规划中，不仅要考虑到首付款的筹备，同时还要考虑购房后的房贷还款能力，两者共同决定了购房能力，如果只考虑到首付，很可能会陷入低首付的陷阱，成为房奴。

不考虑政策性限购条件下，购房能力取决于三个因素：一是能够支付的首付额度，二是房贷每月最高偿还额度，三是首付比例的政策性规定。首付额度取决于目前的资金储备以及运用的贷款信用额度，在运用贷款信用额度时，应考虑还款方式和还款能力。

我国目前房贷的还款方式主要包括等额本息法和等额本金法两种，以等额本息法为例：

可负担房贷＝PV（rate, nper, 年收入×负担比率）

示例5-1：张先生年收入25万元，扣除其他费用后有20%可用于房贷偿还，房贷利率5%，贷款20年，贷款成数70%，张先生目前已经筹备了50万元用于首付。计算张先生可购房总价。

解析：张先生可负担房贷＝PV（5%/12,20*12,25/12*20%）＝63.14（万元）

首付比例经常被政府用作房地产政策调整工具，在房贷政策收紧时，提高首付比例，降低市场需求；反之，则降低首付比例，提升房地产市场需求。

张先生可购房总价还取决于首付比例，而不是简单地将可负担房贷与首付相加。

在首付比例确定的情况下，应首先用首付比例与首付推算可购房总价：

可购房总价＝首付/首付比例

依据首付和首付比例计算的张先生可购房总价＝50/（1－70%）＝167（万元）

购买167万元的房产需贷款117万元，超出了可负担房贷，因此：

张先生可以贷款的总额＝50万元＋63.14＝113.14（万元）

假设首付比例为50%，依据首付和首付比例计算的张先生可购房总价

可购房总价＝50/50%＝100（万元）

购买100万元的房产需贷款50万元，而张先生可贷款额度虽然为63.14万元，但113.14万元的房价总额首付超过了张先生首付储备额，所以张先生能够购买的房产总价为100万元。

3．购房区域选择

在可负担房价确定后，考虑购房区域取决于两大因素：一是区位，二是大小。两个因素中，房子的大小取决于购房需求，弹性较小，因此，一般先确定购房的大小和房间套型，其次再依据面积或负担总价确定区位。当然也有特殊情况，如购房的目的是为了孩子教育的学区房，大城市还需考虑工作通勤的便利性。在购房总价确定后，应首先解决的是区位，然后牺牲面积换优势区位。

在区域选择时，还应考虑下列因素：

1）所居住社区附近的生活设施是否齐全，如超市、商场、公园、医院的便利性。

2）离上班地点或子女就学地点远近及学校教学质量等。

3）是否邻近地铁站。同一城市的住房房价可以以市中心为圆心画同心圆，越往外扩散房价越低。但市郊地铁站附近或区域型商圈的房价，也有可能比未翻新改造且无地铁可达的老旧市区房价高。

4）附近是否有不利设施，如公墓、电视发射塔、垃圾场等。

5）该区位是否有自然灾害的风险，如处于泥石流危险的山坡地、地震断层带、遇到台风大雨就水淹的低地。

4．换房规划

如果属于改善性换房，换房过程中，不可能同时实现买卖行动，在换房过程中必然要选择是先买后卖，还是先卖后买。先买后卖，要解决资金的缺口问题，即使只隔几个月，也要先借到一笔钱来缴首付款，且需要负担资金成本。若没有借贷渠道，除非在换房前已经积蓄了一笔钱足以支付首付款，否则换房时还是以先卖后买为宜。先卖后买，要解决居住的接续问题，即使只隔几个月，除非两边买卖合约都已经谈妥，只差几天可住旅馆，否则通常还是要租房居住。因为租期不长，不到 1 年，谈租约时，可能不像签 1 年租约一样容易，或者每月租金可能较高。如果旧房卖给投资者而非自住者，可以售后回租的方式，卖旧房后仍住在里面，付给旧房买主租金，直到搬入新房后为止。

5．置产贷款还款方式选择

目前我国各商业银行对于置产贷款计算主要有两种方式，一是等额本息偿还，二是等额本金偿还。等额本息偿还法以年金方式计算每期应还款额，每期等额还款中包括本金和利息。等额本金还款法每期还款本金相同，再依据剩余本金计算利息，利息和本金相加作为本期还款额（具体详见任务 3.2.2）。

需要说明的是：这两种方法的资金成本相同，如货币时间价值中所述，资金成本的高低不能用绝对值来评价，而要用相对值。虽然，等额本息还款法下，所还的利息高于等额本金还款法；但是，等额本息还款法的本金偿还先于等额本金偿还法。

在理财实践中，在资金充裕的情况下，如果准备提前还款，应采用等额本金还款法；反之，对于还款能力有限的情况下，则应采取等额本息还款法，降低目前的还款压力。

5.1.3 租房与购房决策

在进行租房与购房决策时，首先要清楚租房与购房各自的优势和局限性。

1）在住房面积方面，同样的预算，不考虑首付的情况下，租房比购房有能力使用更多的空间。

2）在机会成本方面，房价上涨的情况下，如果租房居住，则丧失了利用财务杠杆效应，获得房价上涨带来的资本收益和杠杆收益，而且会面临房租逐年上涨的压力；而购买居住，一方面可以利用财务杠杆效应，实现财富的快速积累；另一方面，则不会面临房租上涨的压力。房产作为特殊性商品，其投资风险中性，在我国不发生住房制度质变的条件下，目前还是应首先考虑购房。

3）租金和房贷虽然都表现为现金流出，但性质不同。租金是一项消费性支出，而房贷是一项负债，负债的偿还会增加净资产，而消费性支出不会增加净资产。同时，房贷偿还比租金支付更具有强制性，购房后成本固定，强制偿还房贷，负债减少，同时家庭资产逐年增加，财富在强制性增长；租房在家庭收入不稳定时，可以在房产选择上有较大的弹性，不至于因为房贷而面临强制性储蓄。

4）在使用成本方面，租房会面临租金上涨的压力，而购房会面临房贷成本增加的压力。租房的使用成本会随着房租价格的波动而波动，当房租上涨时，租房不得不面对房租上涨带来的成本压力；在房贷利率上涨时，购房者可能会面临房贷成本增加的风险，同时还要对房屋进行维护而产生维护成本。

5）在持有风险方面，租房的风险较购房风险小。购房后如果房价下跌、房屋毁损，购房人需要承担相应风险，而租房则可以规避此类风险。

6）在税收方面，购房时需要交纳与房产交易相关的营业税、印花税等税收，在持有期间还可能缴纳房产税，而租房不需要交纳与房产交易相关的税收，但可能要承担出租人转嫁的房产税。

7）其他方面，租房具有一定的迁徙自由度，租房人不会由于房产交易成本而影响自由迁徙，在此方面比购房具有更大的自由度，但租房不能按照自己的意愿对房屋进行装修改造，可能无法实现自己的居住期望。购房可以使人拥有住房后的人生成功感受而且随自己的意愿装修，实现居住的最大效用，同时在信贷方面会增加信用积分。

5.1.4 我国的住房公积金制度

1. 住房公积金制度的建立和实行

建立住房公积金制度是我国城镇住房分配制度的一项重大改革，是构建城镇职工住房保障体系的基础性制度。我国住房公积金制度是1999年4月出台的《住房公积金管理条例》，该条例2002进行了修订。在该条例中对住房公积金的缴存、提取、使用、管理和监督做出了各项规范。在具体实施过程中，住房和城乡建设部根据房地产市场的发展状况又陆续出台了相关的通知或指导意见。

我国的住房公积金制度实行单位包括国家机关、国有企业、城镇集体企业、外商投资企业、城镇私营企业及其他城镇企业、事业单位、民办非企业单位、社会团体（以下统称单位）及其在职职工。有条件的地方，城镇单位聘用进城务工人员，双方可缴存住房公积金；城镇个体工商户、自由职业人员也可申请缴存住房公积金。目前，只有国家机关、事业单位和部分企业缴纳住房公积金，其他单位鲜有缴纳。

2．住房公积金缴存

（详见任务 6.2）

3．住房公积金提取与使用

《住房公积金管理条例》第 24 条规定，职工有下列情形之一的，可以提取职工住房公积金账户内的存储余额：购买、建造、翻建、大修自住住房的；偿还购房贷款本息的；房租超出家庭工资收入规定比例的；离休、退休的；完全丧失劳动能力，并与单位终止劳动关系的；出境定居的。其中后三种情形提取职工住房公积金的，应当同时注销职工住房公积金账户。职工死亡或者被宣告死亡的，职工的继承人、受遗赠人可以提取职工住房公积金账户内的存储余额；无继承人也无受遗赠人的，职工住房公积金账户内的存储余额纳入住房公积金的增值收益。提取公积金用于偿还购房贷款本息时，每次提取额不得超过当期应还款付息额，提前还款的提取额不得超过住房公积金贷款余额。

在理财实践过程中，由于我国住房公积金收益较低，一般情况下应将住房公积金提取，用于购买自用房产或者投资性房产，提高资产的利用效率，而不是等到退休时领取。

任务 5.2 子女教育规划

5.2.1 子女教育规划的重要性

让孩子接受最好的教育，有个美好的未来，是每个父母的人生期望，更是父母的责任和义务。教育费用投资一方面直接关系到孩子的未来，另一方面，现在的教育费用昂贵，仅非义务阶段的学费就是一笔大额的开支，如涉及子女的身体素质教育、文学艺术修养等，更是需要大量的资金投入。对子女教育进行合理规划，筹措足够的、保证确定给付的教育金，是家庭理财的基本内容之一。

5.2.2 我国的子女教育支出

1．子女教育必要性支出——学杂费

（1）九年义务教育免学费

1986 年《中华人民共和国义务教育法》颁布以来，各级政府依法实施九年义务教育。小学六年与初中三年为义务教育，目前采取一费制，免学费，只缴杂费、制服费等，随着政府加大对义务教育投入力度，目前许多省份已经全面取消了各项收费。

（2）高中教育实行收费制

高中进入收费教育阶段，根据高中的层次和性质不同，收费不同，以宁波市为例，宁波市公办普通高中每学期收费标准见表5-1。

表5-1　宁波市公办普通高中每学期收费标准

收费项目	收费标准
学费	省一级重点高中1150元；省二级重点高中1000元；省三级重点高中（综合、特色高中）850元；一般高中700元
住宿费	普通宿舍160元；高级宿舍250元；公寓化宿舍350元
择校费（三限生）	省一级重点高中26 900元；省二级重点高中22 000元；省三级重点高中21 100元；其他普通高中20 200元

（3）高校学费

我国高校依据地方、学校性质和专业不同，学费也有所不同，一般在京津地区、长三角和珠三角地区，普通本科学校平均学费4200～5000元/年，私立和非重点大学学费则较高，平均达到16 000元/年，高职院校6500元/年。高校住宿费最高1200元/年。对于不同专业，艺术类、机械类专业等由于培养成本高，其学费也比一般专业高出1000至3000元不等。

（4）研究生

2013年2月召开的国务院常务会议确定：从2014年秋季学期起，向所有纳入国家招生计划的新入学研究生收取学费，各高校和科研院所收费标准为每年8000～10 000元。由于研究生阶段用于买书与论文写作的费用较高，研究生平均每年的费用在20 000元左右。

2．子女教育选择性支出

（1）学前教育支出

幼儿园教育是非义务教育，城市中3～6岁的儿童多数要上幼儿园。以宁波地区为例，公办幼儿园的平均费用为每月400元左右，有入学区域限制，每年费用约5000元。民办幼儿园的费用大致是公办幼儿园的3倍，每年费用约15 000元。有些中外合办、双语教学的幼儿园，每年收费高达10 000美元。表5-2列示了宁波市区公办幼儿园2016年收费标准。

（2）兴趣班支出

兴趣班包括从绘画、舞蹈、乐器等艺术类兴趣班到围棋、跆拳道等体育类项目班，各类兴趣班支出相差很大，一对一辅导班收费远高于一对多辅导班的收费，辅导学生越少，费用越高。如钢琴每小时100元，一周一小时，每月400元，二胡等乐器初学一对多辅导每月200元，后期一对一辅导同钢琴费用相差无几。

（3）辅导班、实习班和家教支出

中学阶段学校附设的辅导班，按一学期一科500元计算，辅导一科每年需要1000元。如果英语、数学、物理、化学都要辅导，每年需要4000元。如果请大学生做家教，

表 5-2 宁波市区公办幼儿园 2016 年收费标准

单位：元/生·月

星级＼收费标准	现行标准	调整后基准价标准
	小班、中班、大班	小班、中班、大班
六星级	500	650
五星级	400	500
四星级	350	440
三星级	300	370
二星级	250	300

备注：1．本收费基准价标准适用于海曙区、江东区、江北区和高新区辖区内的公办幼儿园。

2．各幼儿园可在基准价基础上按不超过 10%的范围内制定具体收费标准，小小班保教费按大、小、班标准的 130%收取。保教费收费标准调整后，对中班、大班在园幼儿保教费按原收费标准执行至幼儿毕业，并报当地价格、教育、财政部门备案后执行。

费用为每小时 30～50 元，请老师做家教，费用为每小时 100～150 元。如果补两科，按每科每个月 500 元计，家教费就要 1000 元。

5.2.3 子女教育金特性

与购房和退休两个理财目标相比，子女教育金有如下特性。

1．缺乏时间弹性

子女到了一定年龄（18 岁左右）就要读大学，不像购房规划，若财力不足可延后几年购房。至于退休规划，若储备的养老金不足也可以延后几年退休。随着宏观经济进一步发展及大学的普遍设立，大学学位变成迈向社会工作的基本门槛，也成为父母必须培养子女到达门槛的义务。因为没有时间弹性，所以更需要提早准备，才不会陷入时间到了还筹不出钱来的窘境。

2．没有费用弹性

退休规划若财力不足，只是降低退休后生活水平，购房规划若财力不足，也可选择偏远一点房价较低的区位。但是，与退休规划或购房规划的弹性相比较，子女高等教育的学费相对固定，这些费用对于每一个学生都是相同的，不会因为家庭经济情况不同而有所差异。在费用方面不能寄希望于奖学金和助学金，因为这两项资金的取得都是有条件的，可能会由于达不到条件而面临学费不足的困境。

3．子女的资质无法事先掌握

在子女教育方面，最后要花费多少，与可以由自己决定的退休规划和购房规划相比，更难掌握。子女出生时，很难知道这个子女在独立前，会花掉父母多少钱，这与子女的资质、注意力和学习能力有关。父母希望子女能考上师资较佳、学费也较便宜的公办大学，子女不一定考得上。学习自觉的子女与漫不经心的子女，在求学期间所花费的家教、补习甚至陪读费用也差距甚大，这些都不是父母可以事先控制的。有些小孩在音乐、美术上有天分，如果父母为了不埋没子女的天分，计划送他们去专门的才艺学院深造，则花费更惊人。因为不管资质太高或太差都无法事先控制，一样要花很多的钱，所以应该从宽来规划子女教育金。

4．没有专门针对子女教育的强制性储蓄账户

目前在政府或企业单位就职的人，有两笔特定用途的强制性储蓄，即用于退休规划的个人养老金账户和用于购房规划的住房公积金账户，然而并没有专门为子女教育而强制储蓄的账户。因此，子女教育金需自己建立强制储蓄账户。

5．子女教育支出持续时间长、金额大

对一般家庭而言，子女教育每年支出的金额虽然不是最多，但持续时间长，子女从小到大，将近 20 年，因此，总金额可能比购房支出还多。此外，由于持续时间长，通货膨胀对教育支出的影响显著，而且教育支出的成长率比一般通货膨胀率还要高。

5.2.4 子女教育规划基本原则

1．充分利用复利规律

如前所述，从家庭支出来讲，非义务教育阶段支出属于大额支出，如果在支出时再筹备教育金，对绝大部分家庭都是一个很大的挑战甚至是不可能完成的任务。尽早准备教育金一方面可以拉长准备教育金的时间，降低每期教育储备金额；另一方面，可以充分利用复利的时间效应提高教育金的储备效率。

2．宁多勿少

高中时期是孩子性格、价值观形成的关键时期，此前由于性格和价值观未形成，发展方向还无法确定，父母的期望与子女的兴趣能力会有差距，如子女未来可能攻读学费相对昂贵的设计、影视等专业，也可能攻读学费相对低廉的经济管理类专业；可能本科毕业参加工作，也可能攻读研究生甚至出国留学，从相对宽松的角度准备教育金可以满足子女不同的选择，从事自己喜欢的专业，而不留遗憾。如果届时有多余的资金，可留做自己的退休准备金。

3．稳健投资

由于学费没有时间弹性和费用弹性，客观上要求教育金投资风险必须有效控制，从另一个角度，教育金储备时间长，学费的成长率高于一般通货膨胀率，教育金投资又不能过于保守，因此，教育金投资必须要建立投资组合，以获得稳健的投资回报。

4．千万不能忽略自己的退休金

支付子女高等教育金阶段与准备自己退休金的黄金时期高度重叠，要避免全力

投入子女教育金时忽略自己的退休金。假设 30～35 岁生育子女，且子女高等教育期间可能长达 6 年，48～59 岁为支付子女高等教育金的高峰期，但此时也是准备自己退休金的黄金时期。如果为了子女教育耗费的资源过多，没有留下足够的金钱为自己准备退休金，未来在子女事业的关键时期可能需要子女承担过重赡养义务而成为子女的负担。

5．合理利用教育年金保险

教育年金保险报酬率低但具有保证给付性质，而且长达数十年，一方面，子女教育金保费的豁免功能能够保证子女教育金储备总额不受父母失能或身故影响；另一方面，强制储蓄功能也保证子女教育金不被其他理财目标挪用。但同时应注意的是，子女教育年金保险主要是满足子女教育金的保障性需求，其收益为固定收益且收益率偏低，必须和其他投资产品共同构成投资组合。

6．把子女教育金作为保险需求测算的重要内容

在子女成年之前，父母持续不断的收入供给是子女教育费用的保证，但从子女出生到成年，时间跨度 20 余年，若期间父母因疾病或意外失能或身故，不仅子女的非义务教育阶段教育费用会受到影响，在义务教育阶段，子女教育的部分必要性支出和全部选择性支出也会立即出现断档的局面，因此，在父母的失能险和寿险需求测算中，必须考虑子女教育费用。

5.2.5 子女教育金投资组合

1．子女教育金工具

（1）教育年金保险

以教育年金保险方式储备教育金，其优势在于：第一，教育年金保险具有强制储蓄的作用，保证教育金储备资金来源；第二，有稳定的投资回报或固定收益，保证基本的投资收益；第三，可为投保人和被保险人提供意外伤害或疾病身故以及高度残疾等方面的保障，在父母因意外或疾病失能或身故时，由保险公司代为投资后续保费作为教育金，即首期保费缴费后，就锁定了未来交费期的所有投资额，教育金投资不会受父母失能或身故影响。

由于小学与初中阶段属义务教育，需要支付的学费不多，典型的子女教育年金保险，是从出生或幼年阶段开始投保缴纳保费，大多数儿童保险产品在孩子出生 28 天后即可投保。同一险种投保同样的保险金额，被保险人年龄越小年缴保费越低。

（2）中低风险的基金产品

如果仅仅以财富增值为目的，而不考虑保障项目，筹备教育金往往可以通过投资货币市场基金、短期债券基金与平衡型基金等中低风险的金融产品来实现。一般来说，目标的投资报酬率高于学费成长率。依照过去的经验，学费成长率在 4%至 6%之间。只依靠存款或货币市场基金、短债基金，难以达到 4%以上的报酬率，所以可以采取定期定

额购买平衡型基金的方式，将储蓄转化为投资。定期定额购买基金具有投资起点低、管理水平高、收益共享、分散风险和灵活方便等特点。能积少成多，平摊投资成本，降低整体风险，它有自动逢低加码、逢高减码的功能，无论市场价格如何变化，总能获得一个比较低的平均成本。

（3）子女教育金信托

子女教育金信托，比较适合的对象有以下几种。

1）有整笔资金，想送子女出国留学，可以找一个境外受托人管理此笔资产，设立一个子女教育金信托，指定投资标的范围与预期收益率以及受益人。

2）夫妻离婚，子女未成年时，对于离婚前的共同财产，可由必须给付子女抚养金的一方，找一个独立专业的受托人，成立一个子女教养金信托，以子女为受益人。这样，可以保证子女抚养金确实用来支付子女的养育与教育费用。

3）高资产或高收入人群，同时有许多理财目标希望实现。为了避免各个目标相互排挤，可以针对每一个理财目标设立一个信托，根据不同的实现期限与目标弹性，确认可忍受的风险与预期报酬率，再找适当的专业管理者管理这几个信托账户。其中，最重要的就是退休养老金信托与子女教育金信托。

2．子女教育金投资组合

子女教育金没有时间弹性和费用弹性，也没有专门针对子女教育的强制储蓄账户，不建立强制储蓄账户，资金容易被挪用，另外子女教育金筹备和目标实现持续时间长，增长率高，这些特点一方面要求子女教育金投资必须保守，满足没有时间弹性和费用弹性的要求；另一方面，又要达到一定的收益率，满足子女教育金增长率高的要求，同时，投资账户必须具备强制储蓄功能，保证子女教育金不被挪用。这些投资要求无法通过单一金融产品满足，必须利用多个产品建立投资组合。

首先，利用教育年金保险建立强制储蓄账户，保证教育金不被挪用。其次，由于教育年金保险收益较低，完全利用教育年金保险储备教育金，不能达到收益性要求。因此，教育年金保险主要利用其保障功能，保证子女教育基本的义务性支出；再通过中低收入的基金产品满足一部分义务性支出以及对子女教育的最低期望目标，如保证子女的本科学业还是研究生学业；如果这两个层次的教育金储备完成，还可以再投资更高风险的金融产品满足子女教育的更高的选择性支出，如出国留学、艺术修养的培养、甚至创业基金等。对于高资产高收入群体或有特殊需求（如留学）和特殊家庭的人群（如离异、再婚），建立子女教育信托是必不可少的教育规划工具。

具体执行投资规划方面，根据子女的成长阶段，针对投资准备时长不同，应对投资组合进行适当的调整。在幼儿至小学毕业前，投资准备的时间较为宽裕，可以考虑风险较高的股权类投资；中学至教育阶段完成，投资组合应逐步趋于稳健甚至保守，增加债权类投资产品，在学费支出阶段，必须关注流动性要求。

任务5.3 退休规划

5.3.1 退休生活认知

按家庭生命周期理论，退休是家庭进入衰退期的标志，这一时期最为明显的特征就是所有支出全部依赖于理财收入。

1．退休生活阶段定义

受个人价值观、家庭成员结构变迁、退休后身体状况和资产存量等因素影响，退休生活大致划分为三个阶段：退休生活初期（1～5年）为高消费阶段，退休生活中期（5～10年）为平稳消费阶段，退休生活晚期（10年之后）为健康支出阶段。

退休生活初期，由于时间充足，体力尚充沛，且资产充裕，没有了生活和工作压力，有充分的条件专注于自己的业余爱好或人生价值实现，比如休闲、旅游、摄影等，甚至二次创业，此时消费较高；退休生活中期，由于身体机能逐渐下降或含饴弄孙，主要活动局限于家庭日常生活，除生活消费外，其余支出甚少，消费基本平稳；退休生活晚期，在人生的最后一段路程，身体机能严重下降，或由于慢性病需长期治疗甚至需要长期护理，健康支出占全部支出的绝大部分，或由于支出金额庞大成为退休期间乃至整个人生最大风险所在。

2．退休生活要素定义

退休生活要素是指保证退休生活得以维持的基本条件，包括保证日常生活费用的养老金、住房以及医疗和护理保障三方面要素。

养老金是解决退休生活中的衣、食、行的日常生活消费，是保障退休后基本生活的第一物质要素，也是老年生活的最低保障。养老金要素不仅要考虑自身养老需求，还应考虑老年生活是否拥有住房以及是否要供养家庭其他成员。如果没有住房，还应考虑房租费用，如果有其他成员需供养，还需考虑其他成员的生活和医疗支出等。

拥有住房是养老生活的必备要素，对于没有住房的老人，需考虑与子女同住、租房或依靠政府福利，如果经济允许，可以考虑购买，如果租住，考虑到房租上涨风险会危及退休生活后期养老金供给，建议在退休前应拥有住房。对于有住房的老人，居住条件满足后，可考虑通过以房养老方式提升养老金水平以及房产的残值管理。

退休后的健康状况下降，老年人面临更大的健康风险，患病概率增大，医疗服务需求上升。健康需求不仅仅是疾病诊疗费用，还包括长期护理、保健以及心理健康和人文关怀服务。在退休之前，应当制定一个比较完善的医疗保障计划。

3．退休规划风险认知

由于退休规划跨越大半生，时间跨度长，决定了退休规划中面临更多的风险。这些风险是投资融资策略制定需考虑的重要内容之一。退休规划面临的风险主要分为系统性风险和特有风险。系统性风险是社会风险所引发、所有人都面临的风险。特有风险是指因个体因素而产生的、影响仅局限于个体的风险。

（1）系统性风险

改革是社会进步和经济增长的主要驱动力，我们享受着每一次改革红利的同时，也承担着改革结果不确定性的风险。

1）社会保障制度改革。从理财角度，社会保障是解决公民个人生存权的重要社会制度安排，一个公平、有效的社会保障制度是社会经济发展的基石，是社会发展的稳定器，建立和完善社会保障制度是社会改革的重要内容。我国从 1984 年建立社会统筹，解决养老金的社会公平问题开始，初步建立了现收现付的统筹账户与积累的个人账户相结合的养老保险制度，1988 年开始建立由政府、企业和个人共同负担的职工医疗社会保险制度，1991 年从上海开始逐步建立住房公积金制度，与养老紧密相关的各项社会保障制度在不断改革和完善。虽然改革的初衷是通过“低水平、多层次、广覆盖”的原则，确保需要保障的群体获得保障。但时至今日，改革的目标在公平和效率之间徘徊，尤其是地域性管理、身份差异管理造成的地区差异、身份差异的存在已经成为养老金诟病。可以预见的是，我国的社会保障制度还存在很大的改革空间，改革结果具有不可预知性，会严重影响未来养老生活。

2）宏观经济政策以及国家发展战略改革。改革开放以来，通过经济增长方式的变革，我国经济一直保持高速增长。但经济周期的影响力仍然不容忽视，未来发展过程中，不可避免地会面临经济下行乃至经济危机压力，政府需不断地调整宏观经济政策和国家发展战略，在改革的过程中，享受改革红利的同时，也面临着局部改革失败的风险，对个人职业、收入以及投资都会带来风险。

3）利率、汇率以及税率风险。利率市场化、汇率自由浮动是我国未来利率和汇率改革的方向，利率和汇率的变化都会对长期投资的养老产品带来重大影响，在养老规划过程中，必须关注利率和汇率带来的投资风险。除利率和汇率外，税率变化也是养老规划面临的风险之一，一方面个人所得税调整会影响个人收入进而影响到养老储蓄；另一方面，养老产品的税率优惠政策也是影响养老产品投资选择的重要因素。

4）通货膨胀风险及投资风险。退休规划作为长期目标，通货膨胀的影响不容忽略，投资收益要首先能够弥补通货膨胀，在资产保值的基础上，力求实现增值。通货膨胀风险作为不可控制风险只能做出合理评估，而投资风险则要充分考虑个人风险承受能力和风险偏好，将投资风险控制在合理范围内。

5）人口老龄化风险。我国人均寿命延长以及计划生育政策导致社会快速进入人口老龄化阶段，4-2-1 成为主要的家庭结构，一方面从微观家庭层面，目前主要养老模式——代际赡养无以为继；另一方面从整个社会宏观层面，人口老龄化，加之养老保险制度建立时间短，存在缴费环节的历史欠账问题，未来养老金不足已经形成了社会共识。人口老龄化带来的风险是目前养老规划最大风险之一。

（2）特有风险

个人职业、家庭结构变化以及人身风险等家庭特有风险都是退休规划的影响因素。

除传统因素，如行业周期等影响外，现代社会的网络技术、3D 打印以及机器人的广泛应用都对个人职业发展带来不可预知的变化，除被动做好职业规划、稳定收入支出外，在理财规划方面也应充分考虑职业变化带来的风险，为职业生涯变化预置准备金，掌握职业生涯变化过程中财务主动权。家庭结构变化包括婚姻变化、子女生育，都会对退休规划带来影响。人身风险方面除意外和疾病特别是重大疾病对养老金的供给产生不利影响外，长寿也是导致养老金不足的主要因素。在退休规划时，这些特有风险都应依据个人具体情况做出具体分析。

5.3.2 养老金规划

养老金规划是在专业理财人士的帮助下，分析评价家庭财务状况、职业生涯规划以及养老金期望水平，明确养老金需求，以需求为导向制定养老金储备的投融资策略，最终实现养老金的有效供给。具体规划流程如图 5-1 所示。

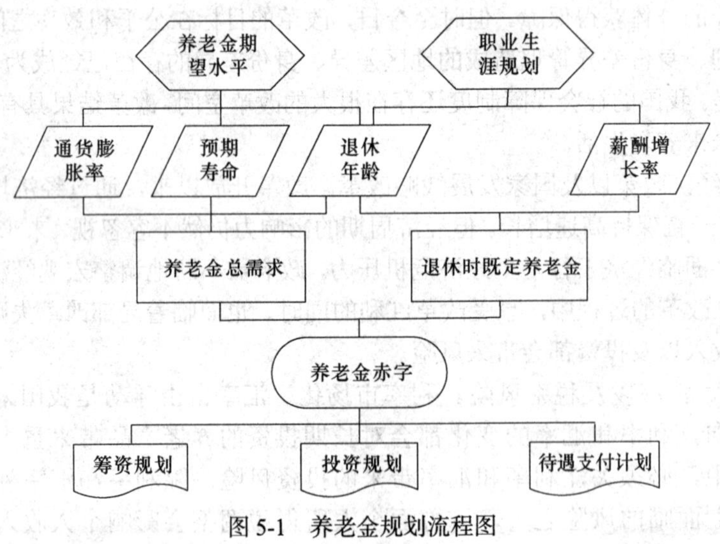

图 5-1 养老金规划流程图

首先确定养老金期望水平，再结合通货膨胀率、预期寿命和退休年龄测算养老金总需求；其次依据职业生涯规划（主要包括退休年龄和薪酬增长率）确定退休时既定养老金，既定养老金与养老金总需求之间形成养老金赤字，养老金赤字即为养老金规划目标；最后依据目标确定筹资规划、投资规划以及待遇支付计划。

1．养老金需求分析

（1）养老金期望水平界定

养老金需求目标界定首先要考虑基本生活目标，基本目标确定后，还应考虑个人的特殊目标，如社会活动，个人爱好支出，希望资助子女购房、购车或为子女留有遗产等。养老金期望水平界定首先要满足基本生活目标，基本生活目标界定一般从养老金供给和需求两个角度综合确定。

一是收入替代率法：替代率目标是从养老金供给角度，以退休前收入的比率为标准界定退休后的养老金需求目标。一般经验认为二者比率是 70%左右，如退休前收入为 10 000 元，则退休后的替代率目标为 7000 元。

二是生活费用项目法：此方法是从生活费用需求角度，以退休前生活费用项目为基础，调整或直接列示退休后各项生活费用项目，以界定退休后各个项目的变化额度，如退休后交通费用下降，但休闲与医疗费用上升，将各个项目内容以及金额变化进行估算并汇总，以此得出养老金需求。

（2）养老金需求测算

上述养老金期望水平是基于当前的收入和消费水平，而非退休当时，养老金需求除当前期望水平外，还应考虑通货膨胀率、收入增长率、退休资产的投资报酬率、预计余寿以及退休年龄等因素。通货膨胀率和投资报酬率应参考宏观经济变化趋势假设确定，收入增长率取决于职业生涯规划，预计寿命要结合社会平均寿命并考虑家庭遗传因素假设，退休年龄根据国家退休政策确定。

需求测算应首先确定退休时间，以退休时间为基准点，计算未来退休时养老金总需求。具体测算过程是：以目前设定的退休金期望水平作为现值，以通货膨胀率作为复利利率，计算退休当年的年支出，即目前退休金期望水平在退休年份的终值，以此年支出考虑通货膨胀计算退休后各年的年支出，再将各年支出折现至退休时点，即为退休需求（在计算中也可用实质报酬率直接计算）。

示例 5-2：张先生今年 40 岁，按目前退休政策变化趋势，预计 65 岁退休，预计寿命 85 岁，张先生运用生活项目法测算退休后年支出现值为 8 万元，退休前收入增长率 5%，投资报酬率为 7%，退休后投资报酬率为 4%，通货膨胀率为 3.5%，测算张先生在 65 岁退休时的养老金需求。

解析：

1）65 岁退休时年支出为测算的退休后年支出现值 8 万元的终值。

退休后首年年支出＝FV（3.5%,65－40,0,－80 000）＝189 059.60（元）

2）由于通货膨胀存在，退休后各年年支出形成一个以通货膨胀率为增长率的增长型年金模型，将各年年支出折现至退休时点，其实质报酬率为

$$实质报酬率=\frac{4\%-3.5\%}{(1+3.5\%)}=0.48\%$$

3）退休时点的养老金需求即为以实质报酬率为折现率条件下的年金现值。

退休时点养老金需求＝PV（0.48%,85－65,－189 059.6,0,1）＝3 614 413.40（元）

2．养老金供给分析

养老金是退休生活的物质保障，其重要性不言而喻，政府和企业都会制定相关政策保障养老金供给，居民可以依据法律或合同规定，在承担相应义务和风险后，获得领取养老金权利，即既得权益，国家保障和企业补充是养老金保障的两个基本层次。除此外，还有非既得权益，即居民个人通过相关金融工具自筹养老金，如退休后通过住房反向抵押，个人购买商业养老险等。

1）国家基本养老金。我国的基本养老金是社会保障制度的重要内容，但保障建立

时间短、历史欠账问题、老年化社会挑战等，决定了我国居民仅通过国家基本养老保险完全解决养老金供给问题并不现实。

2）企业年金。社会保障体系完善的市场经济国家，除个别实行高福利制度国家外，大多数国家企业年金是养老金的主要来源。我国从 2004 年开始制定相关企业年金信托管理的政策，标志着我国合格的企业补充养老金计划的开端，但时至今日，由于税收政策问题以及相关制度不完善，我国的企业年金计划仍然只在个别企业存在，鲜有企业建立完善的补充养老金计划。

3）住房公积金。按照我国住房公积金制度规定，在员工退休时，可以提取住房公积金作为养老金，但在实践中，基于房地产市场原因以及住房公积金收益过低，人们不会选择在退休时领用住房公积金作为养老金，而是在退休前就将住房公积金支付房租、装修或购房支出。

4）以房养老。以房养老是指老人将自己的产权房抵押或者出租出去，以定期取得一定数额养老金或者接受老年公寓服务的一种养老模式。其实现模式主要包括：出租房屋、出售房屋、签订遗赠抚养协议以及房屋抵押贷款等。出租房屋存在房屋被强占，设备损坏贬值纠纷等，对于精力有限的老年人并不是一种稳妥的办法；出售房屋由于观念问题，子女可期待收益降低，容易使两代人之间产生隔阂；签订遗赠抚养协议存在抚养方不履行生养死葬义务的风险；而房屋抵押贷款在我国刚刚起步，由于相关法规不完善以及观念问题，将其作为一种常规的养老金供给来源并不现实。

5）其他来源。除上述来源外，养老金来源还包括员工持股计划、年金保险、股权激励以及银行储蓄等。

3．养老金赤字调整

养老金需求大于供给形成养老金赤字，弥补养老金赤字可以分别从供给和需求两端采取措施，增加养老金供给作为积极的规划措施应优先考虑，无法达成目标的情况下，再考虑削减退休需求。

增加养老金供给措施主要有以下几种。

1）通过调整与其他理财目标之间资产和储蓄配置，增加养老金投资资产比重。被减少投资配置的理财目标首先应将必要性支出排除在外，如目前的基本生活支出，未成年子女的教育支出，用于寿险、健康和意外的保险保费支出等，这些支出对应的理财目标主要是解决个人生涯的生存和安全目标。而对于选择性支出则要依据个人理财价值观排序，依次减少投资资产比重。

2）采取更为积极的投资策略。退休规划作为解决人生最后阶段生存和安全目标的理财活动，其重要性不言而喻。依据养老金资产的特性（见下文），养老金资产投资需安全稳健，但作为一项长期投资项目，在安全稳健的基础上，适度采取更为积极的策略也是必要的。

3）通过保障项目投资，提高风险承受能力，间接增加退休资产供给。这一措施分为两种情况，一是充分利用保险资产的杠杆作用，增加保障投资，减少为应对人身和财产风险的资产积累，增加退休金资产配置。二是直接投资终身养老保障投资项目，如投资以生存为给付条件的养老保险投资项目，或企业福利选项中选择增加企业年金（目前我国员工福利政策没有实施），通过投资以生存为给付条件的终身项目，规避了长寿和遗留巨额遗产的风险，最大限度节约退休资产配置额度，增加退休资产的利用效率。

4）重新审视职业生涯规划。依据退休规划目标供给要求，重新审视职业生涯规划，一方面要为退休规划提供稳定、持久的收入来源；另一方面，提升在行业内的地位和声望，以求在退休后可以兼职顾问或延迟退休。

4．养老金资产配置

（1）养老金资产特性

养老金应具备以下特性：

1）具有稳定的资金来源，投资组合选择上要在稳健基础上追求收益性。养老金是老年生活费用的唯一保障，在投资上必须充分保证养老生活的必要生活费用，因此，投资时要求必须稳健，但养老金一般投资期限很长，过长的投资期限使得投资免于短期波动风险，过于稳健的投资会影响投资效率。因此，养老金投资在保证必要生活费用的基础上，又要敢于投资，大胆投资，以期提高养老生活水平。

2）以年金方式支付并随着物价指数的变化而调整。养老金作为生活费用，需要按期（按年、月、双周或周）固定支付，这种年金支付方式是养老金资产的重要特性之一。同时，退休期生活长达数十年，通货膨胀对养老金形成的风险是不可规避的。

3）以生存为支付条件，待遇支付与生命等长。养老金保障退休生活的整个期间，待遇支付必须与生命等长，以规避长寿风险，养老金资产必须以生存为支付条件。

4）养老金的领取上掌握主动权，保证老年生活的尊严。养老金的来源除自身理财积累外，还有国家福利和代际赡养两种主要方式。自身理财和国家福利两种方式在养老金领取上投资人掌握主动权，不用拖累子女，而代际赡养目前在我国虽然仍是主要的养老资金来源方式，但由子女供养老人会产生依赖子女的心理障碍，尤其在子女收入一般的情况下，不利于老年人的心理健康，容易形成心理问题，从而严重影响老年生活的质量。综合三项养老金来源，国家福利额度有限，代际赡养会拖累子女，容易诱发老年人心理障碍，做好自身理财成为养老金储备的必然选择。

（2）养老金供款计划

养老金供款计划应从三个方面考量：一是自身的供款能力和退休生活目标；二是目前的年龄和收入弹性；三是对退休计划类型（待遇确定还是供款确定）的偏好。供款的方法主要有薪酬比例法、固定供款法、储蓄法以及趸缴法。

1）薪酬比例法是按薪酬的一定比例向养老金基金供款，养老金供款额与薪酬水平紧密相关。优点在于能够保持未来养老金供给水平与薪酬水平挂钩，保证退休前后生活水平相当。不足之处在于比例供款在薪酬较低时会对目前的消费水平产生负面影响，薪酬过高时又会因为养老金供给过多而影响其他理财目标的实现。

2）固定供款法是在一定期限内按一个固定的数额供款。这种方法的优点在于每期强制性供款保障了养老金供给水平，缺点在于如果薪酬水平过低时会影响当前的消费水平。

3）储蓄法是依据目前的资产或薪酬进行灵活供款。这种方法的优点在于能够按自己的意愿来供款，缺点在于没有强制性，养老金供给水平存在风险。

4）趸缴法是一次性大额供款。这种方法的优点是一次性大额供款，规避逐期供款过程中面临的断供风险，缺点在于一次性供款金额过高，供款压力大。

上述方法在实践应用过程中，要依据自身不同情况选择不同的供款方式。对于有固定或相对固定薪酬人士，按薪酬比例法和固定供款法强制供款较为合适；而对于自营职业或佣金收入者，由于收入不稳定，只有当获取较多或大额收入时，采用储蓄法或趸缴法供款。

（3）养老金投资工具选择

在投资策略上，一方面，由于养老金投资期限长，而且供款多采用逐年渐进供款，因此，投资时，前期时要敢于投资，大胆投资，以追求资产快速积累，而在后期，由于年龄的增长，离退休时点越来越近，风险能力下降，投资趋于稳健；另一方面，养老金基础保障没有弹性，基础保障需稳健投资，养老金投资稳健策略需与激进策略相配合运用。养老金激进策略投资工具选择应结合风险属性基础上，尽量提高收益率，而基础保障性作用的养老金则必须依据养老金的特性进行选择。符合养老金资产特性的投资工具主要有以下几种。

1）社会养老保险。社会养老保险是由政府强制实施的养老金保障供给制度，产品的设计是依据养老金特性而设计，符合养老金所有特性，但由于我国社会养老保险制度建立时间短，历史欠账严重、社会人口老龄化以及低水平、广覆盖的社会保障制度建立原则等原因，社会养老保险只能是对生存权的低水平的保障，只能满足保障型养老生活，想保持退休后生活水平不大幅下降，还需通过其他投资工具进行补充。

2）企业年金。我国的企业年金发展并不成熟，除少数大型国企、金融机构和上市公司外，鲜有企业为职工缴纳企业年金。除此外，还应注意的是企业年金待遇支付条件，如在公司工作必须满一定年限，还有在数量上，与职级、年资或业绩挂钩，以此来考量企业年金的待遇支付水平。

3）商业养老保险。商业养老保险作为完全由个人供款、个人自由选择的投资工具，除具有养老金所应具备的四方面特性外，商业养老保险的附加豁免功能，能保障投资者在由于重疾、意外风险发生导致的收入中断情况下，未来养老金的持续供给。商业养老保险具体内容详见任务 6.4。

4）房产。房产作为养老金投资工具，除常规的以房租形式补充养老金外，还包括住房反向抵押、售后回租、住房租换以及子女继承等方式。

5）其他。除以上几种方式外，根据个人风险承受能力和风险容忍态度，可以选择更为激进的投资工具（如股票、基金、贵金属、外汇、甚至期货期权等），以提高养老金的收益水平。

（4）养老金投资策略

从理财目标特性分析，养老金储备时间长达数年甚至数十年，目标的弹性上，保障型目标的养老金没有任何弹性，追求小康型甚至享乐型的养老金弹性较大，因此，养老金投资一方面投资期限长，可以适当选择高风险项目；另一方面需要在保障基础上，尽量追求高收益，先保障后求利。

依据上述分析，在建立养老金投资组合时，应分层次考虑养老金需求，如表5-3所示。

表5-3　养老金投资目标层次与投资工具选择

目标层次	目标内容	评价标准	投资工具
享乐型	追求品质生活	高水平生活支出	依据风险属性、投资期限建立有效投资组合
小康型	保障老年尊严	中等水平生活支出	养老年金保险
保障型	保障生存需求	基本生活支出	社会养老保险

养老金投资分为三个层次，保障型的养老金和小康型养老金是满足老年生活的生存需求（以温饱为标准）和尊严需求（以中等生活水平为标准），需符合养老金的四个特征，即追求安全性，按年金方式领取、与生命等长以及养老金领取权利保证。而享乐型的养老金则追求高收益，满足品质需求（以高消费生活水平为标准），投资工具选择上有很大的选择空间。

生存需求既是个人养老目标，也是政府职能所在，政府通过社会养老保险保障生存权，保障层次的养老目标实现首选社会养老保险；个人投资的养老年金保险作为保障类产品，在待遇支付上需符合养老金上述四个特性，专为养老金储备而设计，可通过投资年金保险实现小康层次养老目标；对于享乐型的养老目标，目标弹性大，可根据自身风险属性和投资期限选择相应的投资工具。

5．养老金资产配置调整

与其他家庭理财方案类似，退休规划方案在执行过程中，需定期或不定期进行检视和调整，以保证规划方案的执行不偏离预期目标。其主要原因在于投融资环境和家庭内部因素两个方面的变化。

投融资环境方面，诸如长期的通货膨胀预期、平均回报率以及对寿命预测所使用的经验生命表与现实中的数据发生了可容忍范围外的偏离；由于经济周期、货币政策、财政政策、科技发展等因素而导致的投资策略的变化等。家庭内部因素方面，诸如改变职业生涯规划而导致的收入估计偏离现实；家庭成员变化（如生育、丧偶等）而引致的养老金供款计划改变等。

需要强调的是：养老金规划是一项长期规划，供款和投资策略的调整以退休目标实现为基本原则，在保障基本目标（如保障型退休生活目标但不仅限于退休生活目标，要依据个人价值观而定）基础上，追求收益最大化。

5.3.3　老年健康保障规划

1．老年健康风险

1）患病概率增加。图5-2显示了我国卫生服务调查结果：2013年，在两周患病率这个健康指标上，随着年龄增长，在老年阶段，患病概率大幅增长，65 岁以上老年人患病概率是 55 岁～64 岁人口的 1.39 倍，是 45～54 岁人口的 2.3 倍，是 35～44 岁人口的 4.7 倍。相同年龄段的每千人中，54%的 65 岁以上老年人患病。

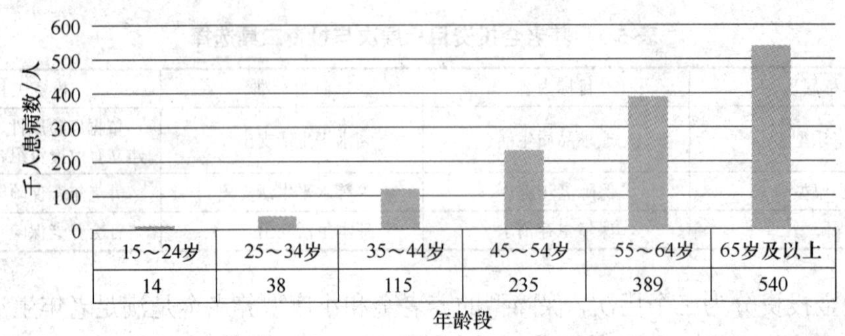

图 5-2 千人患病率指数（2013 年）

2）慢性病更加常见。随着年龄增长，各器官功能衰退，慢性病是困扰老年人生活的常见问题。根据 2014 年调查数据，我国 65 岁以上老年人主要慢性病病种集中在肿瘤、循环系统疾病和呼吸系统疾病，由图 5-3 可以看出，55 岁后，这三类慢性疾病患病概率增长迅猛，65 岁时，肿瘤、循环系统疾病和呼吸系统疾病分别是 55 岁以上人群的 2.5 倍、3.9 倍和 5.5 倍。

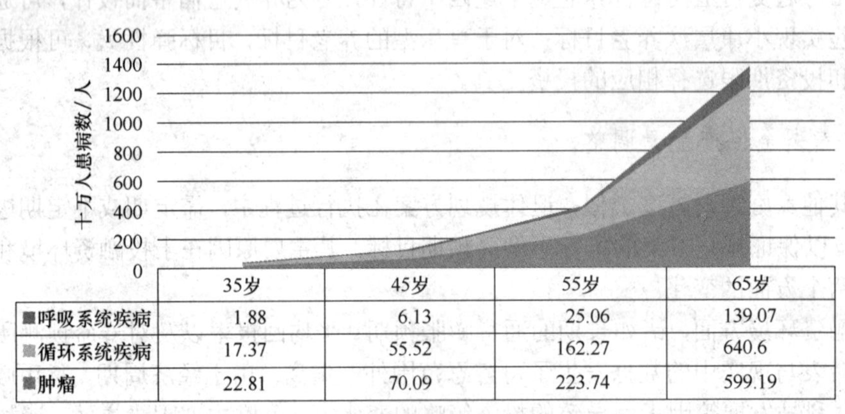

图 5-3 10 万人患病率指数（2014 年）

3）精神和心理疾病易发。年老后躯体健康弱化，收入减少，尤其在养老金和医疗保障不足情况下，无助感增加，成就感降低，老年人对人际关系变得敏感，容易出现精神和心理疾病。研究表明，影响老年人心理健康的三大主要因素分别是健康自评、家庭和睦和经济够用程度。如果老年人健康自评水平下降，自评认知功能减退，日常生活需要更多地来自家庭成员的照顾，这种心理压力会对老年人的心理健康形成严重影响，家庭和睦与否对老年人显得更为重要和迫切，不和睦的家庭氛围会对老年人形成极大的心理压力，诱发各种心理健康疾病，尤其在老年人医疗健康的社会支持（即社会保障）严重不足的情况下更是如此。因此，家庭和睦、充足的医疗费用保障对老年人精神和心理健康尤为重要。

4）医疗费用不确定性。医疗费用作为最个性化的服务之一，医疗费用水平取决于医疗技术、病人个体因素、医生诊断、当地生活水平以及社会保障等各项因素制约。即使是专业的商业保险机构在厘定医疗保险费率时，也无法利用大数定理完全控制这些不确定性。对于个体的老年人，医疗费用的不确定性更是理财过程中的一个重大挑战。从社会宏观角度，整个社会老年人的医疗支出超出社会平均水平的2～5倍，从个人角度，一些老年人老年生活最后阶段的医疗费用甚至超出了其筹备的医疗费用保障，进而由子女接济，严重影响了子女家庭理财目标的实现。

5）疾病带来的间接费用也是不可估量。疾病所带来的损失除了直接医疗费用以外，还包括间接费用，由于老年人患病率高，依赖程度强，尤其是病程较长。老年人的护理费用不仅单位时间费用高，而且持续时间长，有的长达十余年，高额的护理费用甚至远远超出治疗费用，成为家庭的沉重负担。

2．老年健康保障计划应对工具

（1）社会保障

社会保障为老年人提供了终身基本医疗保障，结合老年人健康风险特征，社会医疗保障方面会给老年人不同程度的倾斜政策，比如比退休前更多地保障范围或比例赔付。作为基本医疗保障，老年人的社会医疗保障不仅为老年人解决了基本的医疗问题，还可以提升老年人医疗保障的安全感，有利于降低老年人的精神和心理疾病发生概率。

但不容忽视的是，作为基本保障，老年人在保障范围和比例赔付方面的政策优惠更多的只是从人性角度体现社会关怀意义，并不能从根本上从解决老年人大病治疗费用和相关的间接费用。（社会医疗保障具体内容见任务6.2。）

（2）商业保险

由于社会保障的局限性，对于老年人健康保障，还应辅之以商业健康保险计划。商业保险险种主要包括基本医疗保险、综合医疗保险以及补充医疗保险（具体见任务6.4）。与社会保险性质不同，商业健康保险具有赢利性质，因此，绝大部分险种的投保规则设置了投保年龄限制，将老年人除外不保，只有少数的意外医疗险在一定年龄范围（如60岁至75岁）老年人可以投保。因此，老年人商业健康保障计划应在退休前，在身体条件、经济条件与投保规则允许条件下建立。

由于商业健康险一般属于短期险种，保障期限仅限于一年，对于老年人而言，保险合同中的续保条款（详见任务6.4）就成为主要考虑因素。如45岁投保、可以保证续保至85岁的险种。

3．老年健康保障产品选择

在老年健康保障产品选择时，应考虑以下几个方面。

第一，个人保费负担水平。个人能够承担的保费水平是投资健康保险的首要因素，在保费水平有限的条件下，应优先考虑当下的健康保障，只有在保费负担水平提升后，再考虑续保条件更为有利的产品，为老年健康保障做规划。

第二，保障层次选择。社会医疗保障是基本保障，不仅保障住院费用，而且保障门诊费用，作为社会保障，其资金来源不仅有个人缴费部分，还有企业缴费和财政补充，因此，对个人来讲，同样保障情况下，社会医疗保险更为全面和充分，是基础保障。商业保险产品是对社会医疗保障的补充，主要是针对大病医疗费用不足和老年护理费用的补充保障。

第三，应考虑产品的保费水平和个人风险偏好选择。对于老年健康险，如果产品保费水平过高，个人愿意承担一定风险，对于风险发生概率大，但费用水平低的风险可以选择自留风险的方式承担，只对发生概率小，但损失巨大无法承受的风险通过商业保险产品进行转移。

5.3.4 老年住房规划

1．老年住房规划与养老金

结合住房规划储备养老金是许多家庭考虑的主要养老金储备形式，其产生的原因如下。

第一，对于独生子女家庭，从经济角度，依靠子女养老的代际赡养模式对大部分家庭都是不能承受之重，除非子女经济条件非常好，否则，双独家庭一般情况下并无力承担四个老年人养老费用。

第二，家庭文化观念的变迁，和父母共处一室，几代同堂已经显得不合时宜，和父母分居成为两代人共同的选择，住房已经成为老年生活的必备要件。

第三，在我国当前家庭资产配置中，房产投资是家庭主要资产配置之一。这一方面有我国住房制度变迁的历史原因，另一方面，房产的风险中性使得房产投资成为众多家庭投资的主要选择。另外，房产投资的长期性与养老金储备的长期性也相适应。

2．以房养老方式选择

（1）住房反向抵押

住房反向抵押贷款以自有住房为抵押，是在继续拥有房产居住权的同时，向银行或保险公司申请贷款，将其未来一定时期的房产全部或部分价值提前转换为现金的一种房屋贷款。作为一种突破传统养老理念的创新型养老方式，住房反向抵押是一个小众养老方式。

国务院2013年发布了《国务院关于加快发展养老服务业的若干意见》（国发〔2013〕35号）明确要求，开展反向抵押保险试点，标志着我国住房反向抵押业务的正式落地。为贯彻落实国务院文件精神，2014年6月，保监会发布《中国保监会关于开展老年人住房反向抵押养老保险试点的指导意见》（保监发〔2014〕53号），正式启动反向抵押保险试点，试点期间自2014年7月1日起至2016年6月30日止。2015年3月，首款反向抵押保险产品获批上市销售。2016年7月15日，保监会发布了《中国保监会关于延长老年人住房反向抵押养老保险试点期间并扩大试点范围的通知》（保监发〔2016〕55号），将老年人住房反向抵押养老保险（以下简称反向抵押保险）试点期间延长至2018年6月30日，并将试点范围扩大至各直辖市、省会城市（自治区首府）、计划单列市，以及江苏省、浙江省、山东省、广东省的部分地级市。从试点情况看，2014年至2016年，此项业务每单平均为老年人提供每月9000元的养老金，显著提升了老年人的养老金水平。

同时，反向抵押保险也遇到了传统养老观念、政策环境、市场环境等方面的问题和挑战。由于该项业务流程复杂，存续期长，涉及房地产、金融、财税等多个领域，除传统保险业务需要应对的长寿风险和利率风险外，还增加了房地产市场波动风险、房产处置风险、法律风险等，特别是法律法规尚不健全，政策基础仍较为薄弱，业务流程管理和风险管控难度较大，2014 年至 2016 年试点并没有达到预期的规模。

（2）售后回租

售后回租是老人将住房销售给某特定机构再重新租回，取得整笔款项用于投资营利或缴纳整笔养老保险金，每个月从保险公司或投资项目中获取年金收益，用于缴纳房租，剩余资金供养老使用。

这一方式在保障老年人拥有住房权利的基础上提前将房屋资产变现，获得养老金，规避了房产价值下跌的风险，但同时老年人需承担房租上涨的风险。

（3）住房租换

住房租换是指老年人出租大房子，再租入小房子，或者以地段好、房租高换取地段差、房租低的房子，以房租差价补充养老金。这种方式可以盘活部分住房资源，同时得到养老费用。老年人的房产资产得到保全，但同时需承担房价和租金波动双重风险。

（4）子女继承

继承是指将房产口头许诺或依法履行法律文书形式承诺子女继承，继承房产的子女承担养老金。子女继承这种方式从表面上看符合中国的传统观念，但通过契约形式约束子女对父母的抚养义务，会对两代人之间的亲情关系产生微妙影响，进而可能引发老年人的心理健康问题。更为重要的是，将房产通过子女变现，存在子女经济能力不足和不孝的风险。

3．以房养老风险分析

（1）房价变动风险

以房养老是以产权换现金，房屋价格的变动直接影响着转换现金的多寡。如果从退休当年开始实行以房养老计划，退休后数十年的余命中，房价的变化难以预测。尤其在我国，影响房价的因素除市场供需关系外，还包括政策因素、城市规划、拆迁改造、土地使用权年限、学区划分等多因素影响，尤其是土地使用权年限限制，不考虑其他因素条件下，居民都倾向于购买新建住宅，以通过换房方式变相延长土地使用权年限，导致房价会随着年限的增长出现加速贬值的趋势。以房养老方式主要是以旧房作为投资对象，对于已有十余年甚至二十余年的旧房产，由于房价变动的风险，能够提供的养老金额度并不一定能够达到预期目标。

（2）利率风险

利率风险主要是针对住房反向抵押和售后回租方式，住房反向抵押实行浮动利率，无形中将利率风险转嫁给老年人，使得住房反向抵押对于风险承受能力水平低下的老年人并不是很好的选择，会严重压缩住房反向抵押产品市场需求；采用固定利率，则金融机构承担了利率风险，在考虑风险因素的情况下，金融机构在产品制定过程中，为控制风险，会采用保守策略，降低老年人养老金的获得水平。对于售后回租，投资收益的波动对风险承受较差的老年人是一个不得不面对的问题，因此，进行合理的养老金资产配置显得尤为重要。

（3）长寿风险

长寿风险对不同的以房养老方式会带来不同角度风险。由于预期寿命延长，住房反向抵押产品制定过程中，金融机构采用的经验生命表会降低养老金的支付额度；售后回租由于是一次性取得整笔款项，则可能会使老年人面临着养老金再次不足的问题；子女继承方式可能会面临子女退休后赡养父母经济能力下降的风险。

（4）政策风险

我国房地产市场虽然经历了十余年的市场化改革，但房地产市场发展并不成熟，房地产政策调控对房价的影响不容忽视，政策性风险是选择以房养老的主要风险之一。例如，除频繁的货币政策、限购政策外，房地产税收政策、土地使用权政策等重大改革举措是否落实、如何落实，这些不确定性都会对房地产市场投资形成重大风险，进而影响到未来房产价值和以房养老的养老金供给水平。

（5）管理能力风险

老年人的身体和精神随着年龄增长，会逐步衰退，除住房反向抵押外，其他三种方式都不同程度需要对资金或房产进行管理，尤其是在生命的最后阶段，老年人的管理能力面临着不容忽视的风险。售后回租对资产投资项目管理有着较高的要求，而住房租换的房产管理也需要耗费一定的精力，子女继承相对上述两种方式对管理能力要求较低，但也面临着子女不孝或赡养能力有限时，修改原有承诺或协议也需老年人具备一定的认知水平。

项目实训

实训 1：根据自己的具体情况，为自己制定简要的“房涯”规划。

实训 2：假设你现在刚到一个城市，你目前有 50 万元储蓄可用于购房首付，根据自己所处城市的实际情况，为自己做租房与购房的决策，并说明原因。

实训 3：李先生是一家企业的高管，今年刚有了宝宝，想为宝宝建立教育金，保障将来孩子的教育费用，请为李先生提供教育金规划建议，并说明理由。

实训 4：张先生今年 40 岁，是公司的技术骨干，张先生自知企业除社保外，没有为员工建立相应的养老、医疗等保障补充机制，深为退休后的保障担忧，请从退休后的养老金、居住规划以及健康保障计划三个方面为张先生提供退休规划建议。

项目6 家庭资产保障

📖 **项目介绍**

本项目是在全面阐释家庭风险成因、管理技术和方法基础上，提出家庭风险管理的社会保障计划、财产保障计划、人身险保障计划以及家庭财富传承相关规划。

📖 **学习目标**

通过本项目的学习，能对家庭风险有清晰、全面的认知，并掌握社会保障计划的核心内容，能够制定简要的财产和人身保障规划，全面了解我国家庭财富传承工具。

📖 **工作任务**

家庭风险认知；

掌握社会保障计划核心内容；

制定简要的家庭财产保障计划；

制定简要的人身保障计划；

全面了解家庭财富传承工具。

任务6.1 家庭风险认知

6.1.1 家庭风险成因分析

风险是一种可以通过统计和数量技术衡量的不确定性。收入不确定性和支出确定性是一对矛盾存在。在家庭理财过程中，只要有确定性支出或负债，就必须有确定的收入和资产对其进行补偿，如果收入获取和资产持有存在不确定性，则会产生风险。因此，家庭风险产生的原因是确定性的生涯负债与不确定性的生涯资产获取和持有之间的矛盾。

以子女教育金为例，子女教育需求是确定的，而通过稳定收入对教育金的储备过程受到父母身体健康因素影响，父母身体健康不确定性对确定性的子女教育金需求就是一种风险。如果父母由于疾病、意外失能或身故，子女教育金储备可能无法完成，就会改变子女学业和生活轨迹。

以养老金储备为例，基本养老金需求是确定的，没有任何价格弹性，但养老金投资过程中如果选择投资基金，投资基金的收益短期内收益高，但收益不确定。从长期看，可能会使得基本养老金达不到目标值。另一方面，从短期角度，投资基金积累额需要持续的收入保障，如果储备期间发生全残而导致收入中断，会导致养老金储备严重不足。

对于财产保障，主要是由于负债本息偿还的确定性和资产保全与收益的不确定性矛盾。如通过贷款购买房产，负债的偿还是确定的，而房产本身面临着火灾风险并不会影响到负债的确定性，如发生火灾，房产价值毁损，但负债依旧需要偿还，即使没有相对的负债，房产用于自用或投资价值丧失对家庭未来的目标实现也是一种风险。如果以房租收入来偿还房贷利息，房租收入水平会受到市场影响而房贷利息则固定不变。

除上述固定费用而产生的风险外，一些风险事件的发生还可能导致费用增加，这些突如其来的大额费用增加可能会逼迫家庭通过变现资产或增加负债来应对，如重大疾病费用发生，不仅会使收入中断，而且会产生大额的医疗、护理费用以及其他费用。如果没有前期的财务安排，这些费用将会严重影响家庭理财目标的实现，甚至让家庭陷入财务困境。

6.1.2 家庭风险管理目标与技术

1. 风险管理目标

与其他经济决策类似，风险管理也需要平衡成本与效益。管理的首要目标是以最低的成本获取最大程度的安全保障，即损前目标。其次，风险管理最基本的有效性必须得到保证，对会给家庭带来巨大灾难，甚至是灭顶之灾的风险，必须做出有效的应对方案，即损后目标。损前控制保障成本，损后控制风险损失。

（1）损前目标

损前目标主要包括四个方面：

第一，经济目标。基于最小的成本获取最大的保障。在制定风险管理方案时，应作全面的财务分析和风险识别，此基础上比较各种风险处理工具，采用不同的风险管理技术，投资合理的风险管理产品，以最小的费用保证风险处理达到最佳效果。

第二，安全状况目标。风险管理目标应尽可能地削弱风险，创造一个安全的生活和工作空间。如家庭主要居住地点的选择上应尽量避开车站、码头、机场等人流密集的场所。

第三，家庭责任目标。风险管理需在个人遭受风险时，尽可能避免和减少风险损失对家庭其他成员的拖累。如家庭一人罹患重大疾病，导致由于经济原因子女无法完成学业等。更重要的是对于家庭收入来源的主要提供者，不仅要考虑到上述目标，还需考虑个人对家庭其他成员的家庭责任，如父母对未成年子女支付教育金的责任、子女对年迈父母赡养责任等。风险管理目标必须要重点考虑家庭责任的完成保障。

第四，心理安全目标。由于风险的存在，使人们会产生种种忧虑或恐惧，如家庭收入主要提供者会对疾病和职业状况的担忧，担心失去劳动能力或工作机会后给家庭带来的风险，在生活和工作中过于谨慎，而无法完成人生既定生活和理想目标。风险管理应该将其担忧和忧虑最小化，保证家庭和个人的心理安全。

（2）损后目标

损后目标主要包括三个方面：

第一，减少风险的危害。风险一旦发生，应能够及时抢救或补救，防止损失扩大和蔓延，将损失的程度降到最低，如采用风险隔离技术，将不同的风险单元进行隔离，防止发生连续性风险。

第二，提供损失补偿。损失发生以后，有足够的财务来源来提供经济开支，如果现有资产不足以满足风险损失补偿，应考虑转嫁风险给保险公司。

第三，防止家庭破裂。风险事故发生可能导致严重的人身伤亡，对于一个完美的家庭造成不可挽回的损失，进而导致家庭破裂，风险管理目标应最大程度的保持家庭关系的连续性，维持家庭的稳定。

2．风险管理技术

风险管理技术应用前提是风险识别和风险评估。风险识别主要是通过技术方法来寻找家庭风险事故的类别；风险评估是对风险事故发生的频率和损失的严重程度进行评估。依据事故发生的频率和损失的严重程度，应采取不同的风险管理技术，因此，识别和分析风险是风险管理的第一步。家庭风险识别应掌握家庭面对的主要风险类别，家庭主要风险类别及管理如表 6-1 所示。

表 6-1　家庭主要风险类别及管理

风险	风险类别	说明	险种配置	优先顺序
人身风险	死亡/全残	家庭丧失全部获取收入或资产规划能力	人寿保险	1
	部分残疾	家庭丧失部分获取收入和资产规划能力	意外伤害保险/失能保险	2
	重大疾病	罹患重大疾病的直接医疗费用及收入损失等间接费用	重大疾病保险	3
	非重大疾病	罹患普通疾病的医疗费用	医疗保险	4
	长寿风险	退休时未备足够照顾生活与健康的退休金	退休年金保险	8
财产风险	房子火灾	房子因火灾或其他风险事故（洪水、地震、失窃等）而造成财产毁损被偷窃	家庭财产保险	5
	汽车碰撞	汽车发生碰撞或自然灾害（洪水、暴风）而毁损或被偷窃	车辆损失保险	6
责任风险	个人责任	因过失侵害他人生命、身体或财产（侵权行为）而负担损害赔偿责任	家庭责任保险/第三者责任险	7
	专业责任	因执业过失或疏忽侵害他人生命、身体或财产而负担赔偿责任	业务过失责任保险/错误暨遗漏责任保险	7
	产品责任	因产品侵害客户生命、身体或财产而负担损害赔偿责任	产品责任保险	7
	雇主责任	因疏忽或过失伤害员工生命、身体或财产而负担损害赔偿责任	雇主责任保险	7

风险管理技术包括两大类：一是通过改变风险事故发生的条件或概率，减少风险事故发生、降低风险损失严重程度的控制型风险管理技术；二是将风险损失分摊或转移的财务型风险管理技术。

（1）控制型风险管理技术

控制型风险管理技术包括风险规避、损失控制和风险单位隔离。

1）风险规避是指不参与含有特定风险的相关行为，是最彻底、最简单的风险管理方式。如对某些疾病采取保守治疗，不选择手术，以规避手术风险。风险规避方式也可能代表着较高的机会成本，规避手术风险的同时，由于对身体的过度保养或担忧丧失了某些快乐的生活方式。

2）损失控制包括损失预防和损失抑制。损失预防侧重于降低损失发生的可能性，如定期体检会及时发现身体疾病，及时采取应对措施，降低重大疾病发生的概率。损失抑制则侧重于减少风险发生时或者发生后损失的严重程度，如汽车的安全装置可以在风险发生时，降低风险的损失。

3）风险单位隔离通过分离相对独立的风险单位，使任何单一风险事故发生不会导致所有财产毁损或丧失的措施。如将信用卡与身份证件分开存放，可以防止共同丢失所造成的信用卡被盗刷和复制导致的财产损失可能性。

（2）财务型风险管理技术

财务型风险管理技术包括风险转移和风险自留两种方式。

1）风险转移的典型方式是通过购买保险将风险转移给保险公司，如购买商业健康险、财产保险等。非保险转移则是通过借助合同将损失的法律责任转移给其他个人或者组织，如将出租房屋的某些风险（诸如由于漏水、漏电给邻居造成财产损失）通过租赁合同的方式转移给承租人。

2）风险自留则是指自我承担风险的一种财务型风险管理技术。自留风险可根据具体情况选择全部自留或部分自留。如选择全部自留手机碎屏的风险，投保汽车保险时，可以选择对第三者的责任风险转移给保险公司，选择自留车辆损失风险。（对于自留风险应建立应急备用金，具体详见任务 3.3。）

3．风险管理技术应用

有效的风险管理方案是根据家庭财务状况和管理目标，在风险识别和风险评估的基础上，有针对性地选择风险管理控制措施，形成一个经济的（即以最小的风险管理费用建立一个最大限度的风险保障）、合理的、包括控制型风险管理技术和财务型风险管理技术在内的、综合性的风险管理技术组合。

在建立风险技术组合时，应遵循以下步骤：

首先，应考虑个人或家庭能够自留或承受的最大风险损失程度。最大风险损失程度是指风险事故发生后的最大损失，是与风险事故相关的客观存在的损失，而不是由个人认定的损失。对于可以承受的损失程度内的风险事故，可以采用风险自留的方式；超出经济承受能力范围时，应考虑自留风险以外的风险管理技术。

其次，应考虑风险事故发生频率。对于非自留风险应考虑风险事故发生的频率，发生频率高的风险事故应首先采用风险规避的方式，如不在恶劣天气条件下在高速公路驾车，无法规避且损失程度高的风险，无论风险事故发生频率高低，在预防和抑制的基础上，至少应选择一种财务型风险管理技术，以防止风险发生后的财务困境。如车辆驾驶过程中，自觉系安全带，遵守交通规则，定期检查车辆重要部件均属于风险预防技术，检查车辆的安全措施以及灭火器，属于风险抑制技术。但上述风险控制技术并不能完全防止风险事故的发生，还需要投保车辆保险，以补偿事故发生后造成的严重财产损失对家庭生活的影响。

6.1.3　家庭风险的类别及管理策略

对家庭现有资产和未来收入产生威胁的风险有多种，其对应管理策略如表 6-2 所示。

表 6-2　家庭风险种类及管理策略

<table>
<tr><th colspan="3">风险种类</th><th>风险需求</th><th>风险管理的财务策略</th><th>已有保障</th></tr>
<tr><td rowspan="3">职业风险</td><td rowspan="2">被动失业</td><td>疾病
意外</td><td>收入中断
费用增加</td><td rowspan="3">建立紧急备用金，3～12 个月固定支出</td><td rowspan="3">失业金/离职金</td></tr>
<tr><td>裁员</td><td>收入中断</td></tr>
<tr><td colspan="2">主动失业</td><td>收入中断</td></tr>
<tr><td rowspan="3">人身风险</td><td colspan="2">疾病</td><td rowspan="3">收入中断
费用增加</td><td rowspan="3">投资保险，5～10 年固定支出</td><td rowspan="3"></td></tr>
<tr><td colspan="2">意外</td></tr>
<tr><td colspan="2">身故</td></tr>
<tr><td rowspan="2">财产风险</td><td colspan="2">投资风险</td><td>投资资产补偿</td><td>分散投资策略、建立对冲模型</td><td rowspan="5">保险赔付/可变现资产/风险自留</td></tr>
<tr><td colspan="2">自然风险</td><td>自用性资产重建</td><td>投资财产风险</td></tr>
<tr><td rowspan="2">责任风险</td><td colspan="2">家庭责任风险</td><td>视损失程度</td><td>合同转移与保险相结合</td></tr>
<tr><td colspan="2">职业责任风险</td><td>视损失程度</td><td>投资责任保险</td></tr>
<tr><td>信用风险</td><td colspan="2">信用风险</td><td>视债权额度</td><td>做好信用管理，投保信用保险</td></tr>
</table>

无论是主动失业还是被动失业，在重新就业期间，都会面临暂时性的收入中断，特别是因疾病和意外而导致的失业，不仅收入会中断，而且会增加相关医疗等费用。对于职业风险一般采取预留紧急备用金方式应对，保障在职业调整期，家庭的正常且必要的支出。由于疾病和意外产生的职业风险，不仅要考虑收入中断，而且需考虑增加费用的来源，仅依靠紧急备用金不能满足风险管理需求，需要和人身风险管理策略相结合。

由于重疾或意外而产生的人身风险会导致收入中断和医疗费用的增加，严重甚至会导致身故，完全中断家庭未来的收入。对于人身风险应采取投资人身保险的风险管理策略。（具体内容详见任务 6.4。）

投资风险是为了获取风险收益而主动选择承担。这类风险控制不力，严重会给家庭带来灭顶之灾，这类风险应通过分散投资策略、建立对冲模型来分散风险。无论哪种投资策略都无法完全控制风险，投资过程中承受风险的高低程度取决于生涯目标（具体内容详见项目 5）。除投资风险外，水灾，地震，火灾等自然力的因素也会产生财产损失风险，对于这类风险损失一般通过投资财产保险保障资产重建费用。

由于个人的疏忽或过失行为而造成他人的财产损失或人身伤亡，称为责任风险。如车辆行驶过程中的肇事行为导致的他人车辆损失，家庭雇员工作过程中产生的意外伤害等。一般家庭责任损失可通过合同或者投资保险相结合的方式转移风险，如与劳务公司签订工作合同过程中，明确家庭雇员个人行为产生风险由劳务公司承担。除此之外，由个人雇主承担的部分，则可投保责任保险将风险转嫁给保险公司。除一般家庭责任风险外，一些职业还具有执业责任风险，如律师、注册会计师、医生等职业会产生职业责任风险，这类风险应采取投保责任保险的风险管理策略。

人际交往过程中产生的债权可能会由于对方违约而产生信用风险。在理财过程中，一方面要做好信用管理，另外一方面，如有可能应投资信用保险保障债权的回收和保全。

6.1.4 家庭风险分析的原则性方法

家庭风险分析是以家庭纯粹风险类目为基础，基于稳健原则，以风险万一发生为条件，测试风险发生后实现家庭财务目标所需资源缺口，在成本与效用考量后，选择适合风险规避的相关工具。

1．以家庭风险分析为基础

家庭风险包括人身风险、财产风险和责任风险，通常将责任风险与财产风险划归一类，在实际中，保险公司也通常将责任风险和财产风险归于统一管理和销售。

人身风险是指威胁人的身体和寿命的风险，相对应，以人的身体和寿命为保险标的的保险称为人身保险。当以人的寿命作为保险标的时，有生存和死亡两种状态存在；而当以人的身体作为保险标的时，有人的健康、生理机能和劳动能力等状态存在。发生人身风险时，不仅会影响到家庭收入来源的稳定性，而且会产生应急的现金流，如果没有相对应的现金流准备，就会进而逼迫家庭变现非现金类资产而使资产大幅贬值，或者让家庭陷入负债泥潭，从中长期看，还会影响到家庭理财目标的实现。

财产风险是指威胁家庭财产的风险，以家庭财产为标的的保险称为财产保险。财产风险多种多样，如自然灾害、意外事故、法律责任、信用行为等均可对家庭财产造成损失。这些损失包括财产本身的直接损失以及由于产生赔偿责任而发生的间接财产损失。财产损失的发生，不仅会对家庭已积累资产产生负面影响，由此形成的费用损失还可能会用未来的收入来偿还，进而影响到家庭未来资产的积累。

责任风险是指因个人或团体的疏忽或过失行为，造成他人的财产损失或人身伤亡，按照法律、契约应负法律责任或契约责任的风险。

2．以万一发生最大风险为条件

风险发生的时间并不确定，基于家庭资产保障规划的稳健原则，在确定家庭资产保障需求时，一般以万一发生最大风险为条件，比如在人寿保险规划过程中，应假设被保险人第一年发生身故，测度在保证家庭原有较合理的理财目标前提下的资源缺口。在车辆险第三者责任险投保中，是假设现在发生最大风险条件下，车辆所有人应承担的最大赔偿责任额。

3．测度风险发生后继续实现家庭财务目标所需资源缺口

家庭资产保障的目的是为了保障理财目标的顺利实现，因此，家庭风险分析前首先要确定合理、可行的理财目标。再分析最大不幸发生时，在实现既定理财目标前提下，因风险发生而产生的资源需求，然后扣除已有的风险保障和家庭生息资产状况便可得到家庭继续实现理财目标所产生的资源缺口。换言之，资产保障计划有效性的检验标准是指即使发生最大的风险，家庭的理财目标仍然可以实现。

4．风险规避工具选择

尽管人们可以采取预防事故发生，规避风险行为，但由于受种种因素制约，人们对风险的预测不可能绝对准确，对风险的防范也不可能万无一失，所以，风险事故的损失后果是不可避免的。采用一定的财务风险管理策略应对风险发生的损失补偿是家庭理财的必须。（具体内容详见 6.1.2。）

6.1.5 社会保障与商业保险

让每个居民安居乐业是政府一项基本职能的体现，家庭风险威胁着居民的安定生活，为每个居民提供社会保障、防范家庭风险是政府义不容辞的职责。但基于经济基础和历史发展的原因，我国政府所能够提供的社会保障只能是保障被保险人的个人生存权，包括医疗、养老、失业、工伤这些社会保障。社会保险缺少被保险人的家庭责任与义务、财产的保障，而这些是商业保险所应解决的问题，在家庭理财中，社会保障与家庭保障缺一不可。任务 6.2 阐述的是社会保障计划，任务 6.3 和任务 6.4 分别阐述的是关于家庭财产和人身的商业保险保障计划。

任务 6.2 社会保障计划

6.2.1 我国的社会保障体系

1．社会保障定义

社会保障（social security）即国家抵御社会风险的制度安排，有社会福利计划和社会全网之称，旨在向遇到社会风险的人提供帮助以保障其基本生活。人们常常将国家社会保障计划提供的待遇称为社会福利。根据国际劳工组织在 1952 年通过的《社会保障最低标准公约》（102 号）的规定，社会风险包括年老、患病、失业、职业伤害、生育和家庭困难六类，其中家庭困难包括住房、教育等事项，社会保障也与社会风险内容相对应。

2．社会保障体系

狭义的社会保障仅指国家保障，广义上社会保障除国家提供的保障外，任何对社会风险的保障都称之为社会保障。我国的社会保障体系从广义上讲分为四个层次，即国家基本保障、企业（单位）补充保障、个人自我保障（个人理财规划）和辅助措施（社会互助）。四个层次构成了四大支柱，如图 6-1 所示。

第一支柱：国家基本保障，即由政府强制推行的社会保障和保险计划。包括社会保险、社会福利、社会救助、优抚安置和住房保障。其中我们理财实践中所指的社会保障只是指社保保险和住房公积金制度，俗称五险一金。

第二支柱：企业（单位）补充保障，即由雇主和员工协商自愿建立的员工福利计划。

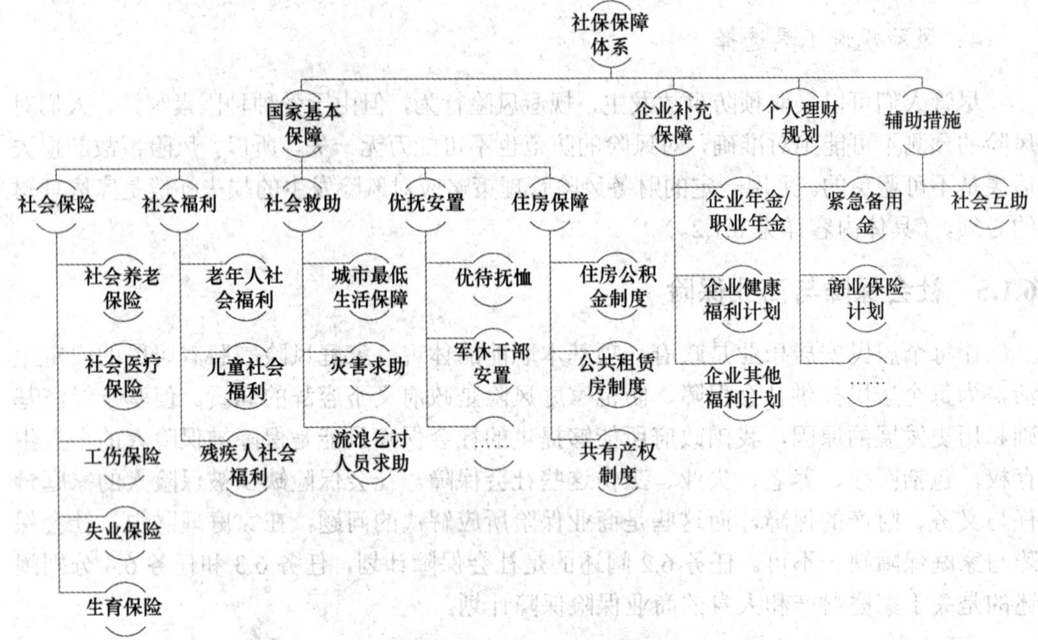

图 6-1　我国社会保障体系

西方发达国家，社会补充保障是员工社会保障的重要组成部分，但由于历史原因，我国目前企业补充保障缴费水平很低，只涵盖了机关事业单位、国有上市公司等少数机构。

第三支柱：个人自我保障，即由个人自愿安排的理财计划。即个人通过投资组合、商业保险等手段建立的养老保障、子女教育保障以及医疗保障等。

辅助措施：社会互助。社会互助是指在政府鼓励和支持下，社会团体和社会成员自愿组织参与的扶弱济困活动。资金主要来源于社会捐赠和成员自愿交费，政府从税收等方面给予支持。如工会组织的大病医疗保险，民间团体的慈善救助。

3．国家基本保障要素

1）社会保险。社会保险即通过参保人风险储蓄缴费建立公共基金或个人账户，国家可以给予资助，向符合资格条件的受益人（首先是参保人）提供保险待遇的社会保障制度安排。我国于 2010 年 10 月 28 日发布了《中华人民共和国社会保险法》，该法于 2011 年 7 月 1 日实施，在该法中，提出了把城乡各类劳动者和居民分别纳入相应的社会保险制度，努力实现制度无缺失、覆盖无遗漏、衔接无缝隙，使全体人民在养老、医疗等方面有基本保障、无后顾之忧的立法原则，并坚持广覆盖、保基本、多层次、可持续的方针和社会保险水平应当与经济社会发展水平相适应的原则。目前的社会保险包括养老保险、失业保险、医疗保险、工伤保险和生育保险。

2）社会福利。社会福利即由国家筹集资金，根据普惠原则，提供均等待遇的公共福利制度安排。我国目前的社会福利主要包括老年人社会福利、儿童社会福利和残疾人社会福利三种。老年人社会福利旨在改善老年人生活、健康以及参与社会发展的条件；儿童福利是国家为儿童提供教育、计划免疫等社会福利，特别是为残疾儿童、孤儿和弃婴等处在特殊困境下的儿童提供福利项目、设施和服务，保障其生活、康复和教育；残疾人社会福利是为残疾人康复、教育、劳动就业、文化生活、社会福利等提供法律保障。

3）社会救助。社会救助即由国家筹集资金，经过经济状况调查，向需要帮助的困难群体提供现金、物质和服务的制度安排。社会救助旨在最大限度地对生活困难的城乡居民实行最低生活保障，对受灾群众进行救济，对城市流浪乞讨人员予以救助等。最低生活保障救助是对持有非农业户口的城市居民，凡共同生活的家庭成员人均收入低于当地城市居民最低生活标准的，均可从当地政府获得基本生活物质帮助；对无生活来源，无劳动能力，无法定赡养人、扶养人或者抚养人的城市居民，可按当地城市居民最低生活保障标准全额救助。为了最大限度降低灾害发生对人民生活和生命财产安全损失，国家建立了针对突发性自然灾害的应急体系和社会救助制度；流浪乞讨人员救助制度按照“自愿受助、无偿援助”的原则，对在城市生活无着的流浪乞讨人员给予关爱性的救助管理，根据受助人员的不同情况和需求，给予食宿、医疗、通信、返乡及接送等方面的救助服务。

4）优抚安置。优抚安置即由国家筹集资金，向那些为国家和社会公共利益而牺牲和伤残的人做出经济补偿的特殊群体社会保障制度安排。优抚安置制度是政府对以军人及其家属为主体的优抚安置对象进行物质照顾和精神抚慰的一种制度，目前的优抚安置包括优待抚恤、烈士褒扬、军休干部安置、退休士兵安置以及双拥等。为保障优抚对象的权益，陆续颁布了《革命烈士褒扬条例》《军人抚恤优待条例》等法规。国家根据优抚对象的不同及其贡献大小，参照经济、社会发展水平，确立不同的优抚层次和标准。对于烈士遗属、牺牲和病故军人遗属、伤残军人等对象实行国家抚恤，对老复员军人等重点优抚对象实行定期定量生活补助；对义务兵家属普遍发放优待金；残疾军人等重点优抚对象享受医疗、住房、交通、教育、就业等方面的社会优待。

5）住房保障。住房保障即由住房公积金、公共租赁住房构成，保障人有所居的制度安排。在我国住房制度改革推进过程中，房价已经成为大多数国人挥之不去的阴影，政府积极推进以住房公积金制度、公共租赁住房制度为主要内容的城镇住房保障制度建设，不断改善城镇居民的住房条件。住房公积金制度是政府为解决职工家庭住房问题的政策性融资渠道。住房公积金由国家机关、事业单位、各种类型企业、社会团体和民办非企业单位及其在职职工按职工工资的一定比例逐月缴存，归职工个人所有。住房公积金专户存储，专项用于职工购买、建造、大修自住住房，并可以向职工个人住房贷款，具有义务性、互助性和保障性特点；公共租赁住房是指限定建设标准和租金水平，面向符合规定条件的城镇中等偏下收入住房困难家庭、新就业无房职工和在城镇稳定就业的外来务工人员出租的保障性住房。公共租赁住房通过新建、改建、收购、长期租赁等多种方式筹集，可以由政府投资，也可以由政府提供政策支持、社会力量投资。公共租赁住房可以是成套住房，也可以是宿舍型住房。共有产权房是指地方政府让渡部分土地出让收益，然后低价配售给符合条件的保障对象家庭所建的房屋。中低收入住房困难家庭购房时，可按个人与政府的出资比例，共同拥有房屋产权。房屋产权可由政府和市民平分，市民可向政府“赎回”产权。

4．我国社会保险运行机制

社会保险制度包括资金筹集、基金管理、待遇支付三个主要环节以及相应的账户管理和服务系统。按照保险品种和参保范围分为职工参加的职工社会保险和无法按职工身份缴纳社会保险的居民社会保险（包括医疗保险和养老保险）。以下以职工基本社会保险为例，阐述我国社会保险运行机制。

（1）资金筹集

1）社会保障筹集资金来源。社会保障资金筹集主要有三个渠道：财政供款（财政支付）、企业供款（企业缴费）和个人供款（员工薪酬代扣）。如果实行市场化运营和建立积累性计划，其基金运营收入也是社会保障的来源之一。

① 财政供款。目前，财政供款有三种情况，即政府承担大部分费用、政府承担一部分费用和政府承担少部分费用。

② 企业供款。如果通过企业供款为社会保障筹集资金，则需要建立社会统筹基金，如省级统筹基金和市级统筹基金，以负责征缴社会保险费和支付社会福利。另外，还需要依法规定企业供款的费基、费率、征缴方式和税收待遇。其中，费基即计算缴费的基数，如企业工资总额、个人工资总额、社会平均工资等；费率即计算缴费的比率，如失业保险的个人费率为经有关部门核定的上年度本人月平均工资的 1%；征缴方式依据征缴机构和流程的规定；税收待遇包括征税、减税和免税。企业的社会保障缴费通常享有税收优惠政策，可以在税前列支，进入企业经营成本。

③ 个人供款。如果通过个人缴费或者员工薪酬扣除为社会保障筹集资金，则需要建立个人账户，对个人权益和资产状况进行详细、准确的记录。另外，还需要依法规定个人缴费的费基、费率、征缴方式和税收待遇。其中，征缴方式依据征缴机构和流程的规定以及代扣个人薪酬的规定；税收待遇包括征税、减税、免税和延税。员工社会保障缴费一般享有税收优惠政策，可以在税前扣除，不计入应税收入。

我国社会保险及住房公积金（五险一金）企业缴费和个人缴费方式及账户设置如表 6-3 所示。

表 6-3 我国五险一金缴费政策一览表

<table>
<tr><th>社保要素</th><th>单位缴费基数</th><th>单位缴费比例</th><th>个人缴费基数</th><th>职工个人缴费比例</th><th>账户</th><th>备注</th></tr>
<tr><td>养老保险</td><td rowspan="3">经有关部门核定的上年度单位职工工资总额</td><td>20%左右</td><td rowspan="4">有关部门核定的本人上年度工资，且在当地上年度职工平均工资的60%～300%</td><td>8%</td><td>个人缴费进入个人账户</td><td rowspan="5">个体工商户、灵活就业人员缴费为当地上年度在岗职工工资，养老保险的缴费比例为20%，8%计入个人账户</td></tr>
<tr><td>医疗保险</td><td>6%左右</td><td>2%</td><td>个人缴费以及单位的 30%左右划入个人账户</td></tr>
<tr><td>失业保险</td><td>2%</td><td>1%</td><td>无个人账户</td></tr>
<tr><td>住房公积金</td><td>职工个人缴费工资总额</td><td>5%～12%</td><td>5%～12%</td><td>双方缴费账户全部划入个人账户</td></tr>
<tr><td>工伤和生育保险</td><td>地方政府根据当地实际情况测算</td><td>不超过 2%</td><td>无</td><td>职工个人不缴费</td><td>无个人账户</td></tr>
</table>

注：本表中所示缴费比例和划转个人账户比例属原则性规定，各地根据本地具体政策有差异；此表只反映了以企业员工身份缴费方式与缴费政策，居民身份缴费具体见“待遇支付”。

2）个人社保缴费与薪酬发放。

① 个人社保缴费扣除。

a．社会保障缴费基数与薪酬扣除。

个人供款部分从个人薪酬中直接扣除，构成个人薪酬的组成部分，其扣除公式为

社会保障缴费＝缴费基数×缴费比例

如表6-3所示，不同的社会保障内容，缴费基数和缴费比例有所不同，从个人账户中直接扣除的社会保障缴费包括基本养老保险、基本医疗保险、失业保险和住房公积金。工伤和生育保险全部由单位缴纳，个人不负担。

b．基本养老保险缴费基数与薪酬扣除。

《中华人民共和国社会保险法》第十二条规定，用人单位应当按照国家规定的本单位职工工资总额的比例缴纳基本养老保险费，记入基本养老保险统筹基金；职工应当按照国家规定的本人工资的比例缴纳基本养老保险费，记入个人账户。无雇工的个体工商户、未在用人单位参加基本养老保险的非全日制从业人员以及其他灵活就业人员参加基本养老保险的，应当按照国家规定缴纳基本养老保险费，分别记入基本养老保险统筹基金和个人账户。

基本养老保险企业供款基数是经有关部门核定的上年度单位职工工资总额，费率为20%左右，记入社会统筹账户。企业供款享有免税待遇，可以在缴纳企业所得税之前列支，且按月向社会保险经办机构或地税部门缴纳。员工个人缴费基数是经过核定的上年度本人月平均工资，且在当地上年度职工月平均工资的60%～300%，费率为8%，在缴纳个人所得税之前列支；所缴费用全部记入个人账户并归属个人所有。城镇个体工商户业主和灵活就业人员，以当地上年度在岗职工平均工资为缴费基数。对于无法确定月工资收入的，以本市职工月平均工资为缴费基数。城镇个体工商户和灵活就业人员参加基本养老保险的，由本人直接向征缴部门缴纳，个人缴费比例为当地社会平均工资的20%，其中12%归入统筹基金，8%进个人账户。

c．基本医疗保险缴费基数与薪酬扣除。

按《中华人民共和国社会保险法》规定，我国的基本医疗保险与基本养老保险基数与缴费方式相同，但缴费比例不同，单位缴费比例为6%，个人缴费比例为2%。单位缴费一部分用于建立统筹基金，一部分划入个人账户，划入个人账户的比例为30%。

d．失业保险缴费基数与薪酬扣除。

失业保险与基本养老保险和基本医疗保险相同，分别由单位和个人按相同缴费基数供款，单位缴费比例为2%，个人为1%，与上述两类保险不同的是，失业保险不设个人账户，所有缴费全部计入个人统筹。

e．住房公积金缴费基数与薪酬扣除。

住房公积金由单位和职工共同缴纳，不设统筹基金，全部计入个人账户。缴费基数为职工个人缴费工资总额，即职工上一年度月平均缴费工资，缴费比例单位与个人相同，为5%～12%。

《住房公积金管理条例》规定，从职工参加工作第二个月开始，用人单位和职工个人开始缴存住房公积金，月缴存额为职工本人缴费工资额乘以职工住房公积金缴存比

例。职工个人缴存的住房公积金，由所在单位每月从其工资中代扣代缴；单位应当于每月发放职工工资之日起5日内将单位缴存的和为职工代缴的住房公积金汇缴到住房公积金专户内，由受委托银行计入职工住房公积金账户。

② 薪酬发放。

个人实发薪酬等于应发薪酬扣除社保个人缴费额和所得税。我国目前关于个人所得税中薪金部分采用七级超额累进税率，其计算公式为

应缴个人所得税＝应纳税所得额×适用税率－速算扣除数

具体计算步骤如下所述。

步骤 1：计算应发薪酬。

步骤 2：计算应纳税所得额。以应发工资为基础，扣除上述社会保障个人供款部分和所得税起征点（目前我国个人所得税起征点为 3500 元/月）后计算。

步骤 3：计算应缴个人所得税。以应纳税所得额为基数，确定适用税率和速算扣除数，个人所得税税率如表 6-4 所示。

步骤 4：计算实发薪酬。应发薪酬扣除社会保障个人缴费额与应缴个人所得税后为实发薪酬。

表 6-4　个人所得税税率

级数	全月应纳税所得额（含税所得额）	税率/%	速算扣除数/元
1	不超过 1500 元的	3	0
2	超过 1500 元至 4500 元的部分	10	105
3	超过 4500 元至 9000 元的部分	20	555
4	超过 9000 元至 35 000 元的部分	25	1005
5	超过 35 000 元至 55 000 元的部分	30	2755
6	超过 55 000 元至 80 000 元的部分	35	5505
7	超过 80 000 元的部分	45	13 505

示例 6-1：张先生 9 月份薪酬工资共 8000 元，社会保障个人缴费基数 7000 元，住房公积金缴费比例 10%，其他社会保障项目按规定比例缴纳。计算张先生 9 月份实发工资、当期收入和延期收入以及总收入。

解析：实发工资计算如下：

步骤 1：计算张先生应发工资总额：8000 元。

步骤 2：计算张先生应纳税所得：

张先生各项社保个人缴费额合计 7000×（10%＋8%＋2%＋1%）＝1470（元）；

张先生应纳税所得 8000－1470－3500＝3030（元）。

步骤 3：计算张先生应缴个人所得税：3030×10%－105＝198（元）。

步骤 4：计算实发工资：张先生实发工资＝8000－1470－198＝6332（元）。

计算当期收入：张先生的当期收入即为实发工资 6332 元。

计算张先生延期收入：张先生延期收入为社保个人账户金额，其中，养老金账户 7000×8%＝560（元）；医疗保险账户 7000×2%＋7000×6%×30%＝140＋126＝266

（元）；住房公积金账户 7000×10%＋7000×10%＝1400（元）；张先生延期收入总额为 560＋266＋1400＝2226（元）。

张先生 9 月份总收入为 6332＋2226＝8558（元）。

（2）基金管理

社会保障基金管理遵循《中华人民共和国保险法》规定，其基本原则是“在保证安全的前提下实现保值增值”。2000 年，国务院设立了全国社会保障基金与全国社会保障基金理事会。2001 年，劳动保障部、财政部发布并施行了《全国社会保障基金投资管理暂行办法》，这意味着我国社保基金开始正式投资运营。该办法第二十八、二十九条就划入社保基金的货币资产的投资作了规定。2006 年 5 月 1 日，劳动保障部、财政部、国家外汇管理局发布并施行了《全国社会保障基金境外投资管理暂行规定》，对全国社保基金境外投资运作情况进行监督。2016 年，国务院颁发了《全国社会保障基金条例》，条例中规定：全国社会保障基金理事会投资运营全国社会保障基金，应当坚持安全性、收益性和长期性原则，在国务院批准的固定收益类、股票类和未上市股权类等资产种类及其比例幅度内合理配置资产。

（3）支付待遇

支付社会保障待遇的方式很多，就养老金计划而言，包括一次性支付、年金支付等；就医疗计划而言，包括全额报销和分担制等。理论上主要有三类待遇支付的制度安排。

1）国民均等福利。国民均等福利指与个人收入和缴费不关联的公民均等社会福利待遇，如国民年金、医疗补贴、失业津贴、子女津贴等。

2）职业性福利。职业性福利指与个人收入和缴费关联的不均等的社会福利和企业福利，如社会养老保险计划支付的养老金和企业养老金计划支付的养老金等。

3）困难救助。困难救助指对特殊群体的特殊困难提供的一次性或定期性救助等。

6.2.2 社保保障待遇支付

1．医疗保险待遇支付

（1）政策规定

根据 1998 年国务院发布的《国务院关于建立城镇职工基本医疗保险制度的决定》（以下简称《决定》），统筹基金和个人账户要划定各自的支付范围，分别核算，不得互相挤占。具体实施过程，医疗保险由市级统筹，各地可根据当地的实际情况制定待遇支付标准。

1）个人账户。参保人员发生的门（急）诊医疗费，由个人账户当年计入资金支付；个人账户当年计入资金用完后由参保人员个人自负。与当年账户不同，历年计入账户资金使用范围则宽泛很多，如用于支付医保乙类药品、乙类医疗服务项目和转外就医发生的医疗费中个人先自付部分费用；用于支付门诊、特殊病种治疗和住院医疗费中个人自负和承担部分；用于支付部分常用或有益于参保人员健康的自费项目、医用材料和药品、疫苗费用，甚至下一年度个人缴费和亲属门诊费用或疫苗费用。

2）统筹账户。对于统筹基金的使用，《决定》确定了统筹基金的起付标准、封顶线、支付目录和分担比例。

① 起付标准。社会统筹基金开始分担的医疗费用的金额起点，原则上控制在当地员工年平均工资的10%左右；超过这个水平的医疗费用由社会统筹基金支付；起付标准以下的医疗费用从个人账户中支付或由个人自付。

② 封顶线。社会统筹最高支付限额，原则上控制在当地员工年平均工资的 4 倍左右，即超过这个水平的医疗费用社会统筹基金不再支付。根据新医改方案，最高支付限额将增加到 6 倍左右。

③ 支付目录。在规定的两定点（定点医院和定点药店）、三目录（药品、设备和诊疗范围）以外发生的医疗费用，社会统筹基金不予支付。即制定药品目录、诊疗项目、医疗服务设施标准，确定基本医疗保险的服务范围和标准；实行定点医疗机构（包括中医院）和定点药店管理。

④ 分担比例。基本医疗保险不承担全部医疗费用，个人和用工单位要分担支付范围外的其余医疗费用。

（2）地方方案

《决定》对医疗保险“统账结合”模式做出了原则性要求，具体实施方案由各地方制定，由此形成“通道式”和“板块式”两种模式。“通道式”即将个人账户和社会统筹打通，个人先支付一定比例，再进入社会统筹报销。“板块式”医疗保险方案将门诊费用归个人账户支付，住院费用由社会统筹报销。目前，全国各地医疗保险改革实施方案以板块模式为主。

基于板块模式，社会医疗保险住院费用分担公式如下：

医疗费用社会统筹报销额＝（两定点、三目录之内，起付线以上的金额）
×（80%～90%）后不超过封顶线的住院费用

通常，社区医院治疗费用报销 90%，三级甲等医院治疗费用报销 80%。社会统筹基金仅报销住院费用，地方方案按照“一事一议”的原则规定部分门诊慢性病进入社会统筹支付范围。可见，在三目录之外的、超过地方支付最高限额的、应当由个人分担的、大部分门诊发生的医疗费用为自付额。

（3）免责范围

下列医疗费不属于医疗保险基金支付范围：

1）在基本医疗保险药品目录、医疗服务项目目录和支付标准范围以外的医疗费。

2）未按规定就医、购药发生的医疗费。

3）因违法犯罪、自残或自杀、斗殴、酗酒、吸毒等行为所发生的医疗费。

4）因机动车交通事故、医疗事故、大面积食物中毒及有其他赔付责任发生的医疗费。

5）出国、出境期间所发生的医疗费。

6）参保人员被暂停、停止享受医疗保险待遇期间发生的医疗费。

7）其他按规定不予支付的医疗费。

8）参保人员的工伤、生育医疗费按照有关规定处理。

（4）大病医疗保险制度

大病医疗保险制度是在基本医疗保险制度基础上，为因病返贫而建立的一项医疗保障制度。其运行由社会保障部门委托商业保险公司承办。与基本医疗保险制度相同，大病医疗保险制度实行市级统筹，资金渠道包括政府、单位和个人，政府和单位缴费部分在年初一次性从基本医疗保险基金中整体划拨，职工个人缴费部分从个人账户中划转，没有建立个人账户的由参保人员交纳。

大病保险按照自然年度进行结算，参保人员在一个结算年度内发生的，经基本医疗保险报销后，在两定点、三目录范围内超过起付标准的合规医疗费用纳入大病医疗保险范围，大病医疗保险的起付标准和最高补偿限额参照上一年度城乡居民收入水平确定。费用越高，支付比例越高，对大病治疗必须且疗效明确的高值药品通过纳入大病医疗保险支付范围支付。

2．养老保险待遇支付

（1）我国基本养老金资金管理

社会养老保险的基本养老金由统筹账户和个人账户养老金组成。统筹账户用于支付基本养老金和过渡性养老金，其管理遵循以支定收，现收现付，目前由省级统筹。个人账户用于支付基本养老金中的个人账户养老金部分，管理遵循完全积累，保值增值，随本人转移。

（2）基本养老金待遇支付

1）领取条件。基础养老金来自社会统筹基金，具体支付条件为达到法定退休年龄和累计缴费 15 年以上（含 15 年），个人缴费年限累计不满 15 年的，退休后不支付基础养老金，其个人账户积累额一次性支付给本人。

2）领取人身份认定。目前我国的养老金计发是依据 2005 年国务院颁发的《国务院关于完善企业职工基本养老保险制度的决定》，由于该规定颁发时间不长，产生了过渡性人群，依据该规定实行前后参加工作的时间不同，将养老金领取人分为三类：“老人”、“中人”和“新人”。“老人”是指实行养老保险改革之前已经离休或退休的人员；“中人”是指新的养老保险计划实施前参加工作、实施后退休的人员；“新人”是指在新养老保险制度下参加工作的人员。具体的判定时间为 2001 年 1 月 1 日。

3）退休年龄界定。退休年龄是指达到法定时点，可以停止工作和领取养老金的年龄（根据居民身份证确定）。一般男满 60 周岁，女干部年满 55 周岁，女工人年满 50 周岁。从事井下、高温等特殊环境或特殊工种的，退休年龄男满 55 周岁，女满 45 周岁。因病或非因公致残，由医院证明并经劳动鉴定委员会确认完全丧失劳动能力的，退休年龄为男满 50 周岁，女满 45 周岁。退休年龄是领取养老金的起始年，该年度不计入缴费（如参保人员 55 岁退休，缴费至 54 岁末）。

4）支付计算。

①“老人”的基本养老金。按国家原来的规定发给基本养老金，同时执行基本养老金调整办法。

②“中人”的基本养老金。在发给基础养老金和个人账户养老金的基础上，再发给过渡性养老金。各省、自治区、直辖市人民政府按照待遇水平合理衔接、新老政策平稳过渡的原则，制订具体的过渡办法，并报劳动保障部、财政部备案。现实中具体的政策有系数法和年功法（具体政策可参阅当地相关细则）。

③“新人”的基本养老金。基本养老金由基础养老金和个人账户养老金组成。退休时的基础养老金月标准以当地上年度在岗职工月平均工资和本人指数化月平均缴费工资的平均值为基数，缴费每满 1 年发给 1 %。个人账户养老金月标准为个人账户储存额除以计发月数，计发月数根据职工退休时城镇人口平均预期寿命、本人退休年龄、利息等因素确定，具体如表 6-5 所示。

表 6-5　个人养老金计发月数

退休年龄/岁	计发月数/月	退休年龄/岁	计发月数/月	退休年龄/岁	计发月数/月
40	233	50	195	60	139
41	230	51	190	61	132
42	226	52	185	62	125
43	223	53	180	63	117
44	220	54	175	64	109
45	216	55	170	65	101
46	212	56	164	66	93
47	208	57	158	67	84
48	204	58	152	68	75
49	199	59	145	69	65

具体计算公式为

$$\text{基础养老金}=\frac{\text{当地上年度职工月平均工资}+\text{个指数化月平均工资}}{2}\times\text{缴费年限（含视同缴费年限）}\times 1\%+\frac{\text{个人账户储存额}}{\text{计发月数}}$$

示例 6-2：张先生 1975 年 7 月参加工作，单位于 1991 年 7 月参加了养老保险，2011 年 7 月张先生年满 60 岁在该市办理了退休手续。退休时张先生个人账户储存额为 117 600 元，当地对“中人”的过渡性养老金政策为参加社会养老保险以前的“全部年功补偿法”，1 年补偿 15 元。2011 年当地职工年平均工资为 45 000 元，其本人月平均缴费工资指数为 2。计算张先生退休后第 1 个月的基本养老金。

解析：张先生在养老金政策改革前参加工作，改革后退休，属于“中人”。其基本养老金由三部分组成，一是统筹账户发放部分，二是个人账户发放部分，三是年功补偿部分。具体计算如下：

$$\text{张先生退休后首月领取养老金}=\frac{\frac{45\,000}{12}+\frac{45\,000}{12}\times 2}{2}\times 36\%+\frac{117\,600}{139}+15\times(1991-1975)$$

$$=2081.25+846.04+240=3167.29\text{（元）}$$

3．住房公积金待遇支付

1999 年 4 月，国务院颁布了《住房公积金管理条例》，标志着我国住房公积金制度进入了法制化、规范化的轨道。2002 年，国务院又对该条例进行了修订。在该条例中对住房公积金缴存、提取、使用、管理和监督作出了各项规范。在具体实施过程中，住房和城乡建设部根据房地产市场的发展状况又陆续出台了相关的通知或指导意见。根据住房公积金管理条例，在住房公积金待遇支付方面包括住房公积金提取和住房公积金贷款。

（1）住房公积金提取

（详见 5.1.4）

（2）住房公积金贷款

《住房公积金管理条例》第 24 条规定，缴存住房公积金的职工，在购买、建造、翻建、大修自住房时，可以向住房公积金管理中心申请住房公积金贷款。住房公积金具有社会保障性质，与商业住房贷款不同。

1）住房公积金贷款利率比商业银行住房贷款利率低。住房公积金是国家社会保障性质，因此，通常住房公积金贷款利率低于商业贷款利率。

2）贷款对象不同。公积金贷款对象必须是公积金系统公积金缴存人，而商业贷款则不受此限制。

3）贷款的担保方式不同。商业银行贷款一般是在房产证抵押前采用开发商阶段性连带责任保证的担保方式，在房产证抵押登记后采用抵押的担保方式，公积金贷款担保方式主要是地方贷款担保中心所提供的连带责任担保。

4）所需要的费用不同。商业银行住房贷款需要律师费用、保险费用，而住房公积金贷款一般需要担保费、评估费和保险费。

5）对单笔贷款最高额度的规定不同。一般而言，商业银行住房贷款对单笔贷款的最高额度没有限制，而对于公积金贷款每笔限额，各地的住房公积金管理中心均有相关规定。

（3）公积金购房决策

按照《住房公积金管理条例》，房租超出家庭工资收入规定比例的，可以提取住房公积金。未来打算购房，住房公积金可以提取用作购房首付款，备齐首付款是购房的前提，如果现在租房，将住房公积金提取作为房租，将收入中的节余部分用作更为高效的投资会提前实现购房目标（住房公积金存款利率介于存款与国债之间，收益相当低）；反之，将收入的节余部分用于消费，则会延迟购房目标的实现。如果暂时没有购房计划，则可以考虑将住房公积金提取用来支付房租。

利用住房公积金贷款购房，虽享受了利率优惠，但在购房性质与首付比例方面受到限制，这是公积金住房贷款必须考虑的因素。

6.2.3 城乡居民基本医疗保险与基本养老保险

1．城乡居民基本医疗保险

2003 年启动的新农村合作医疗制度与 2007 年试点的城镇居民医保制度分别由卫生部和人社部管理，两个部门分管建设存在重复建设，重复参保情况，造成财政资金大量浪费。也不利于医保制度在更大范围内分担。2014 年，国务院发布《关于进一步推进户籍制度改革的意见》中提出，取消农业户口与非农业户口性质区分，统一登记为居民户口，在此基础上，2016年1月，国务院发布《国务院关于整合城乡居民基本医疗保险制度的意见》，将新农村合作医疗制度与城镇居民医保制度整合，城乡居民医保制度覆盖范围包括现有城镇居民医保和新农合所有应参保（合）人员，即覆盖除职工基本医疗保险应参保人员以外的其他所有城乡居民。

与职工医保相同，城乡居民基本医疗保险也是由市级统筹，坚持多渠道筹资，继续实行个人缴费与政府补助相结合为主的筹资方式。与职工基本医保不同的是，城乡居民医保还鼓励集体、单位或其他社会经济组织在缴费上给予扶持或资助。

待遇支付方面，与职工医保板块式和通道式不同，城乡居民医保基金主要用于支付参保人员发生的住院和门诊医药费用。稳定住院保障水平，政策范围内住院费用支付比例保持在75%左右。

2．城乡居民基本养老保险

2014年国务院发布《国务院关于建立统一的城乡居民基本养老保险制度的意见》的通知，通知中明确规定城乡居民基本养老保险制度的参保范围、基金筹集、待遇支付以及领取条件。

在参保范围方面规定：年满16周岁（不含在校学生），非国家机关和事业单位工作人员及不属于职工基本养老保险制度覆盖范围的城乡居民，可以在户籍地参加城乡居民养老保险。这一规定实现基本养老保险全覆盖。

基金筹集方面与城乡居民医疗保险相同，由个人缴费、集体补助、政府补贴构成。参加城乡居民养老保险的人员个人缴费标准目前设为每年100元、200元、300元、400元、500元、600元、700元、800元、900元、1000元、1500元、2000元12个档次，省（区、市）人民政府可以根据实际情况增设缴费档次，最高缴费档次标准原则上不超过当地灵活就业人员参加职工基本养老保险的年缴费额，参保人自主选择档次缴费，多缴多得。人力资源和社会保障部会同财政部依据城乡居民收入增长等情况适时调整缴费档次标准。鼓励有条件的村集体经济组织由村民委员会召开村民会议民主确定缴费标准，鼓励有条件的社区将集体补助纳入社区公益事业资金筹集范围，鼓励其他社会经济组织、公益慈善组织、个人为参保人缴费提供资助。补助、资助金额不超过当地设定的最高缴费档次标准。政府对符合领取城乡居民养老保险待遇条件的参保人全额支付基础养老金，其中，中央财政对中西部地区按中央确定的基础养老金标准给予全额补助，对东部地区给予50%的补助。地方人民政府应当对参保人缴费给予补贴，意见中并对补贴的最低标准进行规定。对重度残疾人等缴费困难群体，地方人民政府为其代缴部分或全部最低标准的养老保险费。

养老保险待遇及调整方面，城乡居民养老保险待遇由基础养老金和个人账户养老金构成，支付终身。中央确定基础养老金最低标准，建立基础养老金最低标准正常调整机制，根据经济发展和物价变动等情况，适时调整全国基础养老金最低标准。地方人民政府可以根据实际情况适当提高基础养老金标准；对长期缴费的，可适当加发基础养老金，提高和加发部分的资金由地方人民政府支出；国家为每个参保人员建立终身记录的养老保险个人账户，个人缴费、地方人民政府对参保人的缴费补贴、集体补助及其他社会经济组织、公益慈善组织、个人对参保人的缴费资助，全部记入个人账户。个人账户储存额按国家规定计息。个人账户养老金的月计发标准，目前为个人账户全部储存额除以139（与现行职工基本养老保险个人账户养老金计发系数相同）。参保人死亡，个人账户资金余额可以依法继承。

养老保险待遇领取条件方面，参加城乡居民养老保险的个人，年满60周岁、累计缴费满15年，且未领取国家规定的基本养老保障待遇的，可以按月领取城乡居民养老保险待遇。城乡居民养老保险待遇领取人员死亡的，从次月起停止支付其养老金。有条件的地方人民政府可以结合本地实际探索建立丧葬补助金制度。

任务6.3 家庭财产保障规划

6.3.1 确定财产保险的主要内容

财产保险广义概念上包括财产损失保险、责任保险和信用保险与保证保险。从家庭保险的角度，财产保险主要有财产损失保险和责任保险，信用保险与保证保险多用于商业交易行为中。本书主要讲解应用广泛的家庭财产保险和汽车保险。

6.3.2 家庭综合财产保险

家庭财产综合保险主要是保障房屋及与房屋相关的财产损失和责任保障。投保家庭财产保险时，应了解家庭财产保险保障内容、保险责任、除外责任以及赔偿相关条款。

1．家庭综合财产保险保障范围

家庭的自有财产以及代他人保管或与他人共有财产都可以投保家庭综合财产保险。具体包括住房及结构和个人财产，表6-6列示了一般家庭综合财产保险的保障范围。

表6-6 家庭综合财产保险保障范围

类别	内容
住房及结构	房屋及其室内附属设备（如固定装饰的水暖、气暖、卫生、供水、管道煤气及供电设备、厨房配套的设备）、室内装潢
个人财产	室内财产、存放于院内室内的农机具、农用工具、生产资料、粮食及农副产品。其中，室内财产包括：家用电器、文体娱乐用品、衣物和床上用品、家具及其他生活用具
特约承保财产	有些财产是需经过保险公司同意才能特约承保，包括：上述财产中属于代他人保管或者与他人共有而由被保险人负责的财产；无人居住的房屋以及存放在里面的财产；其他家庭财产
不可承保的家庭财产	珍贵财物（如金银珠宝、钻石及制品，玉石、玉器等）；无法鉴定价值的财产，如货币、票证、有价证券、文件和资料等；日用消耗品、养殖及种植物；仅用于生产和商业经营活动的房屋及其他财产；保险人从风险管理角度出发，声明不予承保财产（如风险过大的芦苇、纸板为外墙的房屋）；法律规定不允许个人收藏、保管和拥有的财产（如政府有关部门征用、占用的房屋，违章建筑、危险建筑、非法占用的财产等）；机动车则作为单独项目投保机动车辆保险

家庭综合财产保险分为主险和附加险。表6-7是某保险公司家庭财产综合保障项目。

表 6-7　家庭综合财产保险保障项目

类别	保障项目	保险金额/万元	保障范围
主险	房屋及附属设施	0.5～500	为被保险人拥有合法产权的钢筋混凝土或砖混结构的住宅的主体结构以及交付使用时已存在的室内附属设备
	室内装潢	0～40	房屋装修损失，包括房屋装修配套的室内附属设备
	室内财产保障	0～20	室内财产损失，包括便携式家用电器和手表，但不包括金银、首饰、珠宝、有价证券以及其他无法鉴定价值的财产
附加险	盗抢造成室内财产损失	0～10	由于遭受盗窃、抢劫行为而丢失，经报案由公安部门确认后，可获得赔偿的家用电器（包括便携式电脑、移动电话、数码播放器、照相机、摄像机等便携式家用电器）、床上用品、家具、文体娱乐用品、门、窗、锁、现金、金银珠宝、首饰、手表等室内财产
	盗抢现金、金银珠宝损失	0～2	经公安机关确认的因盗抢所致的直接损失
	家用电器用电安全损失	0～2	电压异常而导致的电器毁损
	管道破裂及水渍造成损失	0～5	因高压、碰撞、严寒、高温造成水暖管爆裂（包括被保险房屋内、楼上住户、隔壁邻居家以及属于业主共有部分的水暖管），而导致的房屋内财产损失
	第三者责任	0～5	在保单载明的住所、被保险人（或其同住的家庭成员及雇员）因过失造成第三者的人身伤亡或财产直接毁损
	地震造成房屋及附属设施	0～80	地震造成的房屋及附属设施损失
	地震造成室内财产损失	0～20	地震造成的室内财产损失

在这一保障项目表中，不仅包括了家庭财务损失险，在附加险中，还包括了家庭第三者责任险，以规避对他人造成的财产损失或人身伤亡。

2．家庭综合财产保险责任

家庭综合财产保险责任包括两个方面：一是对财产损失的补偿，但并不是所有财产损失都会予以补偿。首先是要在保单载明地址内的财产损失，其次是由于保单内载明的原因所发生的损失，一般包括火灾、爆炸；空中运行物体坠落、外界物体倒塌；台风、暴风、暴雨、龙卷风、雷击、洪水、冰雹、雪灾、崖崩、冰凌、突发性滑坡、泥石流和自然灾害引起地陷或下沉等。二是对保险事故发生后，为防止或减少保险标的的损失所支付的必要的、合理的费用。

3．家庭综合财产保险除外责任

家庭综合财产保险的除外责任包括事故和原因除外、损失和费用除外两情况。

事故和原因包括：因战争、敌对行为、军事行动、武装冲突、罢工、暴动、盗抢等；核反应、核子辐射、放射性污染；违法犯罪故意行为。

除外的损失费用包括：事故引起的各种间接损失；地震及其发生灾害所造成的一切损失；家用电器因使用过度或超电压、碰线、漏电、自身发热等原因所造成的自身损毁；投保财产本身缺陷、变质、霉烂、受潮、虫咬、自然磨损，或保管不善导致的损失；投保财产在保险单载明地址的房屋外遭受的损失；免赔额（率）内的损失、费用。

4．制定家庭综合财产保险计划

家庭财产保险投保最简单的方式是通过网络进行投保，保险公司一般会在网络上提供投保固定套餐或自由定制套餐，投保时只需要根据自身的需求选择即可。

在选择套餐时，首先应列明财产清单，按财产清单汇总分项计算各个保障内容所需保额（损失的最高赔偿额），依据保额大小选择采用固定套餐或自由定制套餐。

财产保险在赔付时，对于完全毁损的财产，在赔付后，此保障项目即终止，赔付额按实际损失核定。因此，投保过程确定保额时，保额应根据重建或修理房屋所需成本而定，而不是已经发生的房屋的建造或维修成本；对于室内财产，也是按照目前的市场价值扣除折旧后的实际价值确定保额，不是按购买价格或目前新产品市价而定。

5．家庭综合财产保险赔付

对于发生在保险责任范围内的损失，家庭财产保险不论是否足额投保，对室内财产损失赔偿额都按实际损失赔偿，没有比例分摊，但最高不超过保险金额。在理赔时，需提供财产损失证据，如受损财产购买或维修票据，损失核定依据，房屋产权证明或租赁合同等文件需妥善保管。

对于合理的施救费用以及保护费用的最高赔偿额，也以不超过该保险的保险金额为限。

6.3.3 家庭汽车保险

我国家庭汽车保险适用于《机动车交通事故责任强制保险》（以下简称交强险）和《机动车商业保险示范条款》（以下简称商业险）。家庭汽车保险的内容包括车辆损失保险、第三者责任保险、车上人员责任保险等共 15 项内容。

1．机动车交强险

交通事故作为发生频繁，社会影响广泛的风险事故，为保障交通事故过程中受害人基本保障需要，我国 2006 年 3 月 21 日国务院颁布《交强险条例》，交强险成为我国首个由国家法律规定实行的强制保险制度，交强险是由保险公司对被保险机动车发生道路交通事故造成受害人（不包括本车人员和被保险人）的人身伤亡、财产损失，在责任限额内予以赔偿的强制性责任保险。

作为对第三方责任赔偿，交强险赔偿分为人身伤害赔偿（死亡伤残赔偿、医疗费用赔偿）和财产损失赔偿。

具体赔偿案件中，要依据责任标准赔付。三者赔偿内容及限额如表 6-8 所示。

表 6-8 交强险赔偿内容及限额

保障内容		有责任赔偿限额	无责任赔偿限额
人身伤害赔偿	死亡伤残赔偿	110 000	11 000
	医疗费用赔偿	10 000	1000
财产损失赔偿		2000	100

死亡伤残赔偿包括：死亡伤残费用（包括丧葬费、死亡补偿费、受害人亲属办理丧葬事宜支出的交通费用）、残疾赔偿金、残疾辅助器具费、护理费、康复费、交通费、被抚养人生活费、住宿费、误工费，被保险人依照法院判决或者调解承担的精神损害抚慰金。

医疗费用赔偿包括：医疗费用（包括医药费、诊疗费、住院费、住院伙食补助费）以及必要的、合理的后续治疗费、整容费、营养费。

财产损失赔偿包括：所有受害人的财产损失。

2．机动车商业险

（1）机动车商业险险种设置

机动车商业险共分为主险和附加险两大类 15 小类，其中主险 4 种，险加险 11 种。主险包括机动车损失保险、机动车第三者责任保险、机动车车上人员责任保险、机动车全车盗抢保险共 4 个独立的险种，投保人可以选择投保全部险种，也可以选择投保其中部分险种。附加险不能独立投保，必须在所对应主险项下投保。主附险险种及对应关系如表 6-9 所示。

表 6-9 机动车商业险主险险种及对应关系

主险	附加险
机动车损失保险	玻璃单独破碎险、自燃损失险、新增设备损失险、车身划痕险、发动机涉水险、修理期间费用补偿险、机动车无法找到第三方特约险、指定修理厂险、不计免赔率险
机动车第三者责任保险	车上货物责任险、精神损害抚慰金责任险、不计免赔率险
机动车车上人员责任保险	精神损害抚慰金责任险、不计免赔率险
机动车全车盗抢保险	不计免赔率险

家庭汽车投保主要险种包括主险和不计免赔险。附加险种可依据自身经济条件和车辆状况选择投保。

机动车损失险用于补偿机动车直接损失和必要的合理施救费用；第三者责任险赔付超出交强险赔偿限额部分，依据事故责任确定赔偿额：主要责任 70%，同等责任 50%，次要责任 30%；车上人员责任险用于车上人员人身伤亡的损害赔偿，与第三者责任险相同，依据事故责任确定赔偿额；机动车全国盗抢险用于补偿机动车被盗窃、抢劫、抢夺的全车损失与合理的修复费用；不计免赔险用于补偿对应投保险种约定的免赔率计算的、应当由被保险人自行承担的免赔金额部分，可以附加不计免赔险除四种主险外，还包括新增设备损失险这一附加险种。

（2）机动车保险免责条款

上述相应的保险责任并非绝对责任，机动车辆各项险种都设置了相应的免责条款。免除责任条款设置的原因包括以下几点。

1）为保障道路交通安全，依据国家道路安全法律法规做出的禁止性规定。如饮酒、吸食或注射毒品，服用国家管制的精神药品或者麻醉药品、无证驾驶、驾驶与驾驶证的载明的准驾车型不相符合的机动车等。

2）缺乏历史统计数据，无法得出风险发生概率，缺少费率计算基础。如战争、军事冲突、核辐射、核反应等。

3）属于保险标的本身原因、自然变化或市场变化因素。如因市场价格变动造成的贬值，处理后因价值降低引起的减值损失，自然磨损、朽蚀、腐蚀、故障、本身质量缺陷、车上人员因疾病、分娩、自残、斗殴、自杀、犯罪行为造成的自身伤亡等。

有些免责项目可以通过增加保费，加保相应附加险获得保障。如发动机进水后导致的发动机损坏、玻璃单独破碎、无明显碰撞痕迹的辐射划痕以及新增设备的损失等，需要注意的是车轮单独损坏属于免责条款范围，也不能通过投保附加险获得保障。

（3）免赔额和免赔率

除个别险种外，机动车车辆保险大部险种都设置了免赔率（额），免赔率（额）与事故责任比例相关，责任越大，免赔率越高。包括车损险、三者险、车上人员险、全车盗抢险，险附加险中，除新增设备损失险与适用车损险免除条款，其他险种单独设置免赔率（额）。附加险具有免赔额与免赔率包括：自燃险，划痕险，涉水险，修理期间费用补偿险，车上货物责任险，精神损害抚慰金责任险。

（4）机动车保险保额与赔偿限额

车辆损失险和全车盗抢险保额由投保人与保险人根据投保时的新车购置价减去折旧金额后的价格协商确定或其他市场公允价值协商确定，折旧系数如表6-10所示。

表6-10　机动车参考折旧系数

车辆种类	月折旧系数			
	家庭自用	非营业	营业	
			出租	其他
9座以下客车	0.60%	0.60%	1.10%	0.90%
10座以上客车	0.90%	0.90%	1.10%	0.90%
微型载货汽车	—	0.90%	1.10%	1.10%
带拖挂的载货汽车	—	0.90%	1.10%	1.10%
低速货车和三轮汽车	—	1.10%	1.40%	1.40%
其他车辆	—	0.90%	1.10%	0.90%

注：① 折旧按月计算，不足一个月的部分，不计折旧。最高折旧金额不超过投保时被保险机动车新车购置价的80%。
② 折旧金额＝新车购置价×被保险机动车已使用月数×月折旧系数。

第三者责任险为每次事故的最高赔偿责任限额，由投保人和保险人在签订本保险合同时协商确定，通常为30万至100万。

车上人员险赔偿限额按车辆座位确定，驾驶人每次事故责任限额和乘客每次事故每人责任限额由投保人和保险人在投保时协商确定。

3．家庭汽车投保决策

家庭汽车保险投保渠道包括网销、电话、手机APP以及线下销售，随着互联网技术的发展，线下销售市场日益萎缩，绝大部分人群会选择更加快捷的电话或网销渠道。在实际生活中，这些渠道并不充分了解客户的车辆使用情况，很少能够为客户精细化设置符合客户需求的险种。如果对保险了解有限，应尽量选择线下渠道投保，可以享受从投保到理赔的全程指导。

（1）选择合理的险种

交强险是一种强制实施的第三者责任保险，是机动车上路行驶的必要条件。除交强险外，综合商业险包括4类主险和11类附加险种。这11类险种并非应全部投保，而应该根据自身的车辆状况、行驶习惯、车辆用途等选择相适应的险种，达到经济合理性要求。

机动车损失险、机动车全车盗抢险最高损失价值为车辆市场价值，如果车辆占家庭资产很小的比例，车辆损失甚至全额毁损对家庭财务几乎不构成影响，而且当地社会治安和交通良好，本着节约保费，经济性要求，可以选择不投保这两类保险；反之，如果车辆价值占家庭资产比例较大，车辆重置对家庭财务有一定影响，则应至少投保机动车损失保险，车辆盗抢险视社会治安情况进行选择。需要说明的是，如果是分期付款购车或者利用车辆抵押贷款，融资企业会将投保全车盗抢险作为发放贷款的必要条件。

机动车上人员险一般保额为驾驶员和乘客每位1万元，保费在150元至200元左右，过低的保额对于交通事故中赔付额度有限，目前保险公司普遍的做法是在客户投保车险时以优惠价值购买高达20万至30万元的人身意外伤害和一定额度的意外医疗来代替这一险种，在实际投保过程中，还可以选择与行车保障相关的主题信用卡来代替机动车上人员险，如中国平安银行发行的车主信用卡，对于拥有车主信用卡的客户驾车赠送50万元的驾驶意外保障，对于车上乘员赠送每人10万元的乘车保障，但仅需年费200元，从经济角度远超车险中的车上人员险。应注意的是上述两种情况都只是针对被保险人，而不是车辆，当家庭同一辆车其他人员驾驶时，则会存在风险漏洞。

所有险种中第三者责任险在发生交通事故时，实际赔付最高额度难以确定，最严重的交通事故可能会达到百万赔付，如果第三者责任险保障限额过低，不足赔付会由车辆所有者承担，因此，第三者责任是所有主险中首要投保险种，具体保额依据当地生活水平确定。

所有附加险中，不计免赔率险免除了赔付过程中的免赔额，此附加险是依据主险逐项投保，为了获得足额赔偿，主险投保，选择相对应此附加险投保。

其余附加险则应依据车辆价值、使用环境等条件选择，如对于车辆价值不高经济型轿车，投保车身划痕险，如果未发生风险，保费白白付出，如果发生风险理赔，往往修复成本低于下年度车辆保险的涨幅或折扣幅度。对于水灾易发区，投保发动机涉水险就是明智的选择，反之，投保发动机涉水险只能徒增保费。

（2）充分利用NCD系数享受保费折扣

NCD（No-Claim Discount）系数是指无赔款优待系数，是根据车险信息平台反馈的被保险车辆三年出险记录来确定NCD系数的浮动范围。主要用于识别客户进行风险管理，充分体现车辆使用过程的奖优罚劣机制，是行业的共性系数指标。我国目前的NCD系数如表6-11所示。

表 6-11　我国 NCD 系数

NCD 因子	NCD 系数	NCD 因子	NCD 系数
连续三年及以上无赔款记录	60%	上年发生一次赔款	100%
连续两年无赔款记录	70%	上年发生两次赔款	125%
上年无赔款记录	85%	上年发生三次赔款	150%
新保	100%	上年发生四次赔款	175%
平台无上年承保记录（非新保）	100%	上年发生五次及以上赔款	200%

利用无赔款优待系数主要是在发生交通事故后，依据理赔额确定是否履行理赔程序。如下年度预估车险价值为 8000 元，本年度发生交通事故，定损价值 1300 元，如果是第一次发生并理赔，虽无法享受下年度 1200 元（8000 元×15%）优惠，但可以获得更高额度赔付，则选择理赔，如果是第二次理赔，则下年度保费会上涨 2000 元（8000 元×20%），选择自行承担，享受下年度折扣。

（3）注重保险公司的理赔服务

在我国目前的车险市场中，各个公司对同一车辆报价稍有差异，但和服务的重要性相比，保费成本差异可以忽略。在选择车险投保公司时，应首先考虑保险公司的服务水准。

从理赔的时限和方式方面，现代网络技术条件下，有些公司非人伤案件小额理赔从报案到定损到赔付到账，仅需半小时左右，相关资料可通过网上拍照上传或后期邮寄方式送达保险公司，大大节约了客户理赔成本。

从全国通赔服务方面，对于经常外出本地车辆，保险公司的全国网点布局以及异地理赔手续办理的便捷性显得尤为重要。

从理赔的其他服务方面，如保险公司提供的免费道路救援、代位求偿服务都会让客户在车辆使用过程中节约大量的时间成本。

任务 6.4　家庭人身险保障规划

6.4.1　健康保障计划

1. 认识健康保险

健康保险是为因健康原因（保险事故为疾病和意外伤害）引起的费用支出和收入损失提供补偿或给付的保险。费用支出的收入补偿包括医疗费、护理费、因疾病或意外造成的残疾、暂时或永久不能工作而减少的劳动收入等。

（1）健康保险的类别

按保障内容分，健康保险分为医疗保险、疾病保险、失能收入损失保险和护理保险。医疗保险是指以合同约定的医疗行为发生为给付保险金条件，为被保险人接受诊疗期间医疗费用支出提供保障的保险。疾病保险是指以保险合同约定疾病发生为保险金给付条件的保险。失能收入损失保险是指以因保险合同约定的疾病或者意外伤害导致工作能力丧失为给付保险金条件，为被保险人在一定时期内收入减少或者中断提供的保险。护理保险是指因保险合同约定的日常生活能力障碍引发护理需要为给付保险金条件，为被保险人的护理支出提供保障的保险。

按保险保障的属性不同，健康保险又可分为商业健康保险、补充医疗保险和社会医疗保险。商业健康保险是投保人和被保险人在双方自愿的基础上订立的人身保险合同。补充医疗保险是特指与社会医疗保险全面衔接的费用型医疗保险，补充医疗保险往往是企业投保，政府给予税收等政策支持。社会医疗保险（也称基本医疗保险）是国家通过立法的形式强制实施的医疗保险。

按保障期限不同，健康保险可分为长期健康保险和短期健康保险，根据我国《健康保险管理法》规定，长期健康保险是指保险期限超过一年或者保险期间不超过一年但具有保证续保条款的健康保险；短期健康保险是指保险期间在一年及一年以下且不含有保证续保条款的健康保险。

按照投保方式分，健康保险可划分为个人健康保险和团体健康保险，个人健康保险是保险公司与自然人个人签订、保障对象为个人或家庭团体的健康保险合同，团体健康保险是保险公司与雇主或法定代表之间订立的合同，他对主契约下的人群提供保障。

（2）健康保险的给付方式

健康保险是对健康原因引起的费用支出和收入损失的补偿，因为费用发生具有不确定性，所以健康保险主要采用费用补偿形式，辅之以定额给付形式，是补偿性与给付性于一体的人身保险。健康保险有三种不同的给付方式：①实际补偿，在最高限额之内，依据实际发生的费用给付，一般用于医疗费用的补偿；②定额给付，一般用于收入损失补偿；③预付服务基础，由保险组织直接支付住院外科医生等医疗费用的服务。

需要说明是：即使合同约定了不同的给付方式，在具体赔付时，仍有无法确定的因素，比如医疗费用被认为是一切合理的必要的费用，如何赔付只能依靠保险人曾经的赔付经验进行理赔给付。

（3）健康保险特殊性

健康保险一般不指定身故受益人。身故受益人是指当被保险人身故时享有保险金请求权的人，健康保险的目的是为了给被保险人提供医疗费用和收入损失补偿，在生活上有一定的保障，所以是以被保险人生存为条件的，无须指定身故受益人。只有疾病保险（重大疾病保险）中的死亡赔付责任才需要指定身故受益人。

健康保险合同多为短期合同。除少数承保特定风险的健康保险（如重大疾病保险，长期护理保险）外，健康保险的保险期间多为一年，但保险条款中会注明续保的条件。

关于核保考虑。出于保险合同投保的逆选择和道德风险考虑，健康保险合同条款设计上加入了核保考虑因素，如目前健康状况、既往病史、等待期条款、转换条款、体检条款等，这些条款在后文中具体说明。

2．医疗保险解读

医疗保险以医疗行为是否发生为给付保险金条件，为医疗费用支出提供保障。具体包括医疗费、手术费，医药费、门诊费、护理费、检查费、住院费等，可以是针对某几种医疗费用的基本给付，也可以是包括范围广泛的综合性给付。可能直接给付给医疗机构，也可能在医疗行为结束后实报实销给被保险人。

（1）医疗保险赔付方式

《健康保险管理办法》第四条规定：医疗保险按照保险金的给付性质分为费用补偿型医疗保险和定额给付型医疗保险。费用补偿型医疗保险是指根据被保险人实际发生的医疗费用支出，按照约定标准确定保险金额的医疗保险。定额给付型医疗保险是指按照约定的数额给付医疗保险金的医疗保险。作为补偿型保险，医疗保险补偿医疗过程中全部或部分医疗费用，在理赔时必须提供原始医疗费用收据或提供其他渠道已有费用补偿依据。费用补偿型医疗保险的给付金额不得超过被保险人实际发生的医疗费用金额。

为体现医疗费用补偿原则在保险定价中的合理运用，《健康保险管理办法》第二十二条规定：保险公司设计费用补偿型医疗保险产品，必须区分被保险人是否拥有公费医疗和社会医疗保险的不同情况，在保险条款、费率以及赔付金额等方面予以区别对待，拥有社保或公费医疗保险的被保险人在保费和赔付比例方面享受相应地优惠。

以下举例平安保险公司住院费用医疗保险保费费率与责任条款比较。平安附加健享人生住院费用医疗保险（A）年交费率如表 6-12 所示。

表 6-12　平安附加健享人生住院费用医疗保险（A）年交费率（首份）

单位：人民币元

投保年龄	基本部分	可选部分
0～2 岁	619	171
3～4 岁	401	112
5～9 岁	252	46
10～19 岁	89	18
20～29 岁	125	24
30～39 岁	222	38
40～49 岁	301	51
50～54 岁	362	61
55～59 岁	439	74
60～64 岁	691	115

1）基本部分。住院费用保险金:被保险人因疾病或意外伤害经医院诊断必须住院治疗，我们按照被保险人每次住院在约定范围（同签发保险单分支机构所在地社会医疗保险规定的赔付范围）内实际支出的合理且必要的医疗费用的 80% 给付保险金，每次住院给付保险金的限额见表 6-13。

表 6-13　每次住院相应项目给付限额

项目	给付限额
基本部分	医疗费用 3000 元（其中门诊费不得超过 300 元）
可选部分	非器官移植手术费用 1500 元
	器官移植手术费用 10 000 元

在每一保单年度内，我们仅对被保险人住院 180 日内发生的医疗费用承担保险责任。

2）可选部分。

① 非器官移植手术费用保险金。被保险人因疾病或意外伤害而住院进行非器官移植手术治疗，我们按照被保险人每次手术在约定范围（同签发保险单分支机构所在地社会医疗保险规定的赔付范围）内实际支出的合理且必要的手术费用的 80%给付保险金，每次手术给付保险金的限额见表 6-13。

② 器官移植手术费用保险金被保险人因疾病或意外伤害而住院进行器官移植手术治疗，我们按照被保险人每次手术在约定范围（同签发保险单分支机构所在地社会医疗保险规定的赔付范围）内实际支出的合理且必要的手术费用的 80%给付保险金，每次手术给付保险金的限额见表 6-13。

若被保险人因同一原因需间歇性施行手术，且前后手术日期间隔未达 90 日，则视为同一次手术。

3）补偿原则。若被保险人已从其他途径（包括社会医疗保险、公费医疗、工作单位、本公司在内的任何商业保险机构等）取得补偿，我们在各项保险金的给付限额内根据本附加险合同中各项费用的约定范围，给付被保险人获得补偿后的各项费用的余额，且给付的各项费用的余额均不超过本附加险合同约定范围内各项费用的 80%。

平安附加健享人生住院费用医疗保险（B）年交费率如表 6-14 所示。

表 6-14　平安附加健享人生住院费用医疗保险（B）年交费率表（首份）

单位：人民币元

投保年龄	基本部分	可选部分
0～2 岁	559	154
3～4 岁	362	100
5～9 岁	228	42
10～19 岁	80	16
20～29 岁	113	22
30～39 岁	200	34
40～49 岁	271	46
50～54 岁	326	55
55～59 岁	396	66
60～64 岁	623	103

1）基本部分。住院费用保险金：被保险人因疾病或意外伤害经医院诊断必须住院治疗，对于每次住院在约定范围（同签发保险单分支机构所在地社会医疗保险规定的赔付范围）内的医疗费用，在被保险人已按社会医疗保险或公费医疗有关规定取得医疗费用

补偿后，我们按照被保险人实际支出的合理且必要的上述费用的余额给付保险金，每次住院给付保险金的限额见附表；发生保险事故时，被保险人不享有社会医疗保险或公费医疗保障的，我们按照被保险人实际支出的合理且必要的上述费用的65%给付保险金，每次住院给付保险金的限额见表6-13。

在每一保单年度内，我们仅对被保险人住院180日内发生的医疗费用承担保险责任。

2）可选部分。

① 非器官移植手术费用保险金。被保险人因疾病或意外伤害而住院进行非器官移植手术治疗，在被保险人已按社会医疗保险或公费医疗有关规定取得医疗费用补偿后，我们按照被保险人每次手术在约定范围（同签发保险单分支机构所在地社会医疗保险规定的赔付范围）内实际支出的合理且必要的手术费用的余额给付保险金，每次手术给付保险金的限额见附表；发生保险事故时，被保险人不享有社会医疗保险或公费医疗保障的，我们按照被保险人每次手术在约定范围内实际支出的合理且必要的手术费用的65%给付保险金，每次手术给付保险金的限额见表6-13。

② 器官移植手术费用保险金。被保险人因疾病或意外伤害而住院进行器官移植手术治疗，在被保险人已按社会医疗保险或公费医疗有关规定取得医疗费用补偿后，我们按照被保险人每次手术在约定范围（同签发保险单分支机构所在地社会医疗保险规定的赔付范围）内实际支出的合理且必要的手术费用的余额给付保险金，每次手术给付保险金的限额见附表；发生保险事故时，被保险人不享有社会医疗保险或公费医疗保障的，我们按照被保险人每次手术在约定范围内实际支出的合理且必要的手术费用的 65%给付保险金，每次手术给付保险金的限额见表6-13。

若被保险人因同一原因需间歇性施行手术，且前后手术日期间隔未达 90 日，则视为同一次手术。

3）补偿原则。若被保险人已从其他途径（包括社会医疗保险、公费医疗、工作单位、本公司在内的任何商业保险机构等）取得补偿，我们在各项保险金的给付限额内根据本附加险合同中各项费用的约定范围，给付被保险人获得补偿后的各项费用的余额。若被保险人不享有社会医疗保险或公费医疗保障，已从其他途径（包括工作单位、本公司在内的任何商业保险机构等）取得补偿的，我们在各项保险金的给付限额内根据本附加险合同中各项费用的约定范围，给付被保险人获得补偿后的各项费用的余额，且给付的各项费用的余额均不超过本附加险合同约定范围内各项费用的65%。

表6-12和表6-14列示了平安公司同款医疗保险产品分别对应的有无社保的差别，在保费上，A款（无社保）高于B款（有社保），责任范围和补偿原则上，分别针对有社保和无社保而设置。

（2）医疗保险的主要类别

目前商业保险公司推出的医疗保险产品种类繁多，大致有以下几种类别。

第一，住院费用医疗保险。该险种为特定的住院费用提供保障，通常可以单独投保保障范围包括医疗费用、手术费、医院杂费、各项检查费等，为了防止道德风险，通常规定每日的给付限额免赔天数和最长给付天数，保险人只负责承担超过免赔天数而未超过最长给付天数的住院费用。如某保险公司合同规定：在每一保单年度内，我们仅对被保险人住院180日内发生的医疗费用承担保险责任。

第二，手术费用保险。该险种为外科手术提供医疗费用保障。可以作为独立险种，也可以作为住院费用中保险的附加险。一般根据两种方法确定手术保险的保险金额，一是在手术表中列明各种外科手术及相应给付的最高保险金额，二是根据外科手术的复杂程度确定保险金额的给付。

第三，门诊医疗费用保险。该险种提供门诊治疗费用保障，主要包括检查费，化验费，药费等。由于门诊处方的合理性难以监督检查，患者和医院工作者的道德风险以及门诊发生频率高、费用低等特点，决定了保险公司门诊医疗保险费用高，保障风险较大，因此，一般门诊费用保险仅限于与住院医疗项目相关的门诊费用。

第四，高额医疗费用保险。高额医疗费用保险用于保障高额医疗费用。一般规定一个高额保额上限，也可以对每一项医疗费用规定最高限额。通常包括两类：一是在基本医疗保险（上述三项）基础上补充签发，对超过基本医疗费用保单保障水平的医疗费用提供二次补偿，二是将补充医疗费用保险和基本医疗费用保险结合在一起组成综合医疗费用保险，在一张保单中提供足够的医疗费用保险。

（3）医疗保险主要内容

第一，保险期限和责任限额。保险期限是指保险合同约定保险生效日期至保险终止日期，保险期限内发生的保险事故保险公司承担赔付义务，责任期限是指被保险人自患病之日起保险合同约定的责任期限。责任期限一般为90日，180日或360日。依据保险期限和责任期限的定义，只有发生在保险期限内的保险事故才能予以赔付，赔付的时间以责任期限为限。例如，张先生投保了一份医疗保险，保险期间从2017年4月1日至2018年3月31日，责任期限180天。

情形1：张先生于2017年6月1日住院治疗，并于2017年10月31日治愈出院，保险事故发生在保险期限内，而且未超出责任期限180天，保险公司应对张先生住院期间的所有医疗费用为基础进行补偿。

情形2：张先生2018年3月1日住院治疗，2018年6月1日治愈出院，保险事故发生在保险期限内，而且未超出责任期限180天，保险公司应对张先生住院期间的所有医疗费用为基础进行补偿。

情形3：张先生2018年3月1日住院治疗，2018年10月7日治愈出院，保险事故发生在保险期限内，但超出责任期限180天，保险公司只对张先生责任期限180天内医疗费用进行补偿。

情形4：张先生2018年4月1日住院治疗，2018年10月7日治愈出院，保险事故发生在保险期限外，责任期限已经没有意义，张先生合同终止，不能获得任何赔付。

保险合同还经常对保险期限内的责任期限和超出保险期限的责任期限分别规定，例如，在每一保单年度内，我们仅对被保险人住院 180 日内发生的医疗费用承担保险责任。……对等待期后本附加险合同到期日前发生的且延续至本附加险合同到期日后 30日内的住院治疗，我们仍然承担给付保险金的责任。

第二，保障项目，医疗费用涉及范围广，既有治疗疾病的直接费用，如药费手术费，又有与治病无关，但患者必须支出的各项费用，如假肢费、整形费等。通常保险公司只对合理且必要的费用进行补偿，原则是直接费用予以负责如医药费、检查费、手术费、化疗费、输氧输液费等。间接费用视合同不同而定，如住院床位费、家属陪护费等，无关费用一律不予负责，如滋补药品费、安装假肢假牙假眼费。上述费用不同保单保障范围和除外责任不同，赔偿范围也有很大差异。

第三，医疗费用的分摊方式。医疗费用分摊条款是医疗保险常用条款之一，主要有免赔额、比例给付、保单限额和止损条款四种形式。

免赔额是指发生的医疗费用在免赔额以下部分由被保险人自己承担，以上部分由保险公司补偿。免赔部分可以采取金额和固定比例两种形式。采用免赔额形式，可以免去大量小额理赔，节约了有关理赔费用，降低保费，同时为投保人提供了防损、减损的经济激励。

比例给付是对超过免赔额的部分按照约定的比例给予补偿，通常为80%。

保单限额是指保险公司承担的最高赔偿限额。不论被保险人在保险期限内一次患病还是多次患病，保险人只对限额内的医疗费用予以补偿，当实际医疗费用超过规定的限额后，超额部分不予补偿，止损条款是当被保险人支付的免赔额和比例分摊额达到规定的限额，保险公司将补偿被保险人发生的其余费用，避免保险人承担过高的医疗费用。

3．疾病保险解读

疾病保险是以疾病发生为给付条件，不考虑被保险人实际医疗费用支出，而是以保险合同约定的保险金额给付保险金。

（1）疾病保险疾病定义

保险公司对责任范围内的疾病种类有严格的限制，不同保险公司、同一保险公司不同产品之间疾病的种类大不相同。疾病命名分为三类：第一类，以疾病本身命名，如癌症，慢性肝病，糖尿病；第二类，以治疗手段命名，如心瓣手术、主动脉手术等；第三类，以疾病的后遗症命名，如植物人，失明，瘫痪等。

疾病定义通常都必须具备三个条件：

第一，可保疾病。必须是身体内部原因引起的疾病，强调身体内部原因是区分疾病保险与意外伤害保险的重要标准，理论上疾病保险承保的疾病必须是有机身体内部的某种原因引发的，即因器官组织或系统病变导致的功能异常，从而出现各种病理的表现，如肺炎引起的高烧，肠炎引起的腹泻，对于那些由于外来剧烈原因造成的身体健康损害，应视为伤害而非疾病，属于意外健康保险的责任范畴。但在实践中，我国目前重大疾病保险，通常也将因意外原因造成的某些结果作为重大疾病范畴，如外伤所导致的智力障碍，因意外伤害导致的双耳失聪等。

第二，可保疾病必须符合风险定义。对于必然发生的死亡和自然衰老不包括在疾病范围内。疾病保险通常要求疾病是否会发生、何时发生以及发生的结果具有不可预知性，这是可保风险的基本要求。

第三，对于某些疾病设置除外责任，如先天性畸形，变形或染色体异常，某种条件下感染的艾滋病，0～3岁的双耳失聪等。

（2）疾病保险的种类

疾病保险的种类主要有重大疾病保险、轻度重疾保障、特定重疾和特种疾病四种。

1）重大疾病保险。重大疾病保险只为特定疾病提供保障，这些疾病的共同特点是病情长、花费巨大以及不易治愈。由于各家保险公司对重大疾病保险定义存在差别，造成保险人和被保险人理解上的差异，也让一些营销误导行为有机可乘，导致大量保险理赔纠纷的发生。鉴于此，2007 年 4 月，中国保险行业协会与中国医师协会充分研究我国重大疾病保险自身发展特点及医疗行为的实际情况，借鉴国际先进经验基础上，研究制定了我国《重大疾病保险的疾病定义使用规范》（以下简称《使用规范》），对重疾险产品中最常见的 25 种疾病的表述和相关保险术语进行了统一，做了明确表述，同时为防止重疾险产品华而不实，规定各保险公司新开发的重大疾病保险的保障范围必须包括 25 种疾病中发生率最高的 6 种疾病。这 6 种重大疾病是：恶性肿瘤——不包括部分早期恶性肿瘤；急性心肌梗死；脑中风后遗症——永久性的功能障碍；重大器官移植术或造血干细胞移植术——须异体移植手术；冠状动脉搭桥术（或称冠状动脉旁路移植术）——须开胸手术；终末期肾病（或称慢性肾功能衰竭尿毒症期）——须透析治疗或肾脏移植手术。《使用规范》标志着我国成为继新加坡、英国、马来西亚之后，第四个制定并使用行业统一重疾定义的国家。表 6-15 所示为平安公司某款产品的重大疾病种类。

表 6-15 平安附加平安福提前给付重大疾病保险（2016）重大疾病种类

种类	名称
第 1 类：与恶性肿瘤相关的疾病	（1）恶性肿瘤；（2）侵蚀性葡萄胎（或称恶性葡萄胎）
第 2 类：与心脏或脑血管相关的疾病	（3）急性心肌梗死；（4）严重原发性肺动脉高压；（5）心脏瓣膜手术；（6）严重的原发性心肌病；（7）脑中风后遗症；（8）冠状动脉搭桥术（或称冠状动脉旁路主动脉手术移植术）；（9）严重感染性心内膜炎；（10）严重感染性心内膜炎；（11）严重肺源性心脏病；（12）艾森门格综合征；（13）严重的Ⅲ度房室传导阻滞；（14）严重冠心病；（15）风湿热导致的心脏瓣膜疾病
第 3 类：与器官功能严重受损相关的疾病	（16）重型再生障碍性贫血；（17）重大器官移植术或造血干细胞移植术；（18）双耳失聪；（19）慢性肝功能衰竭失代偿期；（20）双目失明；（21）系统性红斑狼疮并发肾功能损害；（22）语言能力丧失；（23）急性或亚急性重症肝炎；（24）严重溃疡性结肠炎；（25）终末期肾病（或称慢性肾功能衰竭尿毒症期）；（26）终末期肺病；（27）胰腺移植；（28）急性坏死性胰腺炎开腹手术；（29）严重肾髓质囊性病；（30）严重肝豆状核变性（Wilson 病）；（31）严重自身免疫性肝炎；（32）严重弥漫性系统性硬皮病；（33）肺淋巴管肌瘤病；（34）肺泡蛋白质沉积症；（35）慢性复发性胰腺炎；（36）特发性慢性肾上腺皮质功能减退；（37）严重小肠疾病并发症；（38）严重的骨髓增生异常综合征；（39）严重克罗恩病；（40）骨髓纤维化；（41）严重哮喘；（42）小肠移植；（43）胆道重建手术
第 4 类：与神经系统相关的疾病	（44）良性脑肿瘤；（45）脑炎后遗症或脑膜炎后遗症；（46）深度昏迷；（47）严重阿尔茨海默病；（48）瘫痪；（49）严重的多发性硬化；（50）严重帕金森病；（51）严重运动神经元病；（52）严重脑损伤；（53）非阿尔茨海默病所致严重痴呆；（54）植物人状态；（55）进行性核上性麻痹；（56）开颅手术；（57）亚急性硬化性全脑炎；（58）克雅氏病；（59）丧失一眼及一肢；（60）进行性多灶性白质脑病；（61）破裂脑动脉瘤夹闭手术；（62）脊髓小脑变性症
第 5 类：其他重大疾病	（63）多个肢体缺失；（64）严重的 1 型糖尿病；（65）严重Ⅲ度烧伤；（66）严重类风湿性关节炎；（67）象皮病；（68）经输血导致的艾滋病病毒感染或患艾滋病；（69）严重肌营养不良症；（70）弥漫性血管内凝血；（71）因职业关系导致的艾滋病病毒感染或患艾滋病；（72）嗜铬细胞瘤；（73）严重的原发性硬化性胆管炎；（74）因器官移植导致的艾滋病病毒感染；（75）严重面部烧伤；（76）严重瑞氏综合征（Reye 综合征，也称赖氏综合征、雷氏综合征）；（77）成骨不全症第三型；（78）多处臂丛神经根性撕脱；（79）原发性脊柱侧弯的矫正手术；（80）溶血性链球菌引起的坏疽

2）轻度重疾保障。相对应重大疾病保险病种，有些病种病程、医疗费用界于重大疾病和普通疾病之间，会对一些家庭财务形成较大影响。轻度重疾也日益成为我国重疾保险的主要保障之一。表 6-16 列示了中国平安某款产品的轻度生产种类。

表 6-16 平安附加平安福提前给付重大疾病保险（2016）轻度重疾种类

种类	名称
第 1 类：与恶性肿瘤相关的疾病	（1）早期恶性病变；（2）原位癌 ；（3）皮肤癌
第 2 类：与心脏或脑血管相关的疾病	（4）心脏瓣膜介入手术；（5）主动脉内手术；（6）心包膜切除术；（7）颈动脉血管成形术或内膜切除术；（8）早期原发性心肌病；（9）心脏起搏器植入
第 3 类：与器官功能严重受损相关的疾病	（10）听力严重受损；（11）单个肢体缺失；（12）肝叶切除；（13）非严重型再生障碍性贫血；（14）视力严重受损
第 4 类：与神经系统相关的疾病	（15）轻度脑损伤；（16）脑垂体瘤、脑囊肿、脑动脉瘤及脑血管瘤；（17）轻度颅脑手术；（18）中度瘫痪；（19）早期运动神经元病；（20）中度昏迷

3）特定重疾。针对某类人群设定的重疾类型，这些重疾在此类人群中更易发生，如针对未成年人设置的少儿特定重疾，针对妇女设置的女性疾病保障。如表 6-17 所示，平安公司某款少儿产品针对在少儿重疾保障产品中设置的少儿易发的 10 种重疾。

表 6-17 平安附加少儿平安福提前给付重大疾病保险少儿特定重疾险种

种类	名称
第 1 类：与恶性肿瘤相关的疾病	（1）白血病
第 2 类：与心脏或脑血管相关的疾病	（2）严重心肌炎；（3）严重慢性缩窄型心包炎
第 3 类：与器官功能严重受损相关的疾病	（4）重症肌无力；（5）严重克罗恩病伴有肠梗阻或肠穿孔
第 4 类：与神经系统相关的疾病	（6）严重脊髓灰质炎；（7）疾病或外伤所致智力障碍；（8）严重癫痫
第 5 类：其他重大疾病	（9）坏死性筋膜炎；（10）出血性登革热

4）特种疾病。针对某类疾病而设定的保障。如牙科费用保险，生育保险、眼科费用保险等。在我国 SARS 疾病暴发后，一些保险公司推出了专门针对因感染 SARS 疾病保险。

4．失能收入损失保险解读

失能收入损失保险承保的风险通常是导致无法继续工作的残疾。健康保险中，很多人非常关注医疗费用，对收入损失不太关注，一个人若因病或意外伤害事故致残而丧失工作能力后，将需要依靠其家庭其他成员的收入来维持生活，更为严重的是，在某些方面的支出还可能比以前大幅增加，如果家庭其他成员没有收入来源的话题，后果将不堪设想。

（1）关于伤残的界定

在失能收入损失保险中，最关键的是对全残的定义。失能收入损失保险单都要明确给出全残的定义，并规定相应的全残保险金。关于全残的定义主要有以下几种。

第一，原本职业全残。此定义是最广泛的全残定义，是指被保险人丧失从事其原先工作的能力。依据此定义，只要被保险人因残疾不能从事原职业，就可以认定为全残，领取约定的残疾收入保险金，而不论其是否从事其他有收入的职业。

第二，现实通用全残定义。此定义将全残认定分为两个阶段，在致残初期，被保险人不能完成其惯常职业的基本工作，则可认定为全残；致残以后，约定时期内（通常为2～5年）若被保险人仍不能从事任何与其所受教育、训练和经验相当的职业时，才可认定全残，致残后，若被保险人自愿重返任何一种有收入的职业，将停止领用相应的保险金。

第三，收入损失全残。此定义将全残分为两种情况，一是被保险人因全残而丧失从事工作的能力，并且无法从事任何可获取收入的职业，二是被保险人因残疾导致收入减少，也就是说，被保险人无论是完全丧失工作能力还是尚能工作但收入减少，均可从被保险人处获得保险金的赔付。

第四，推定全残。推定全残有两种不同的含义：一是保险合同中规定了定残期限，被保险人患病或遭受意外伤害后，在短期内还无法确定其是否会伤残，如果定残期限届满时仍无明显好转的征兆时，自动被推定为全残；二是被保险人发生了保险单所规定的伤残情况时，自动推作为全残，如完全永久失明，任意两肢失去活动能力，发生推定全残后，保险人将一次性给付全额保险金，即使被保险人以后痊愈且恢复了原职业也不例外。

以上关于全残定义中，原本职业全残可以提供最广泛的保障范围，实践中保险公司多采用第二种定义，根据这种定义，如果被保险人无法从事原先的职业，除非被保险人从事另一种职业，否则保险人都将负责给付保险金。

（2）残疾与失能的关系

残疾必然失能，但失能者不一定残疾，例如歌唱家出现永久性的声音嘶哑，对他来说肯定是失能，然而从普遍意义上来讲，并不能认定为残疾，只能认定为职业残疾。残疾保险在被保险人发生残疾时即支付保险金，因此残疾保险也属于失能收入损失保险。

（3）失能收入损失保险的一般条款

第一，免责期。残疾失能开始后并不能立即领取保险金。免责期设定目的有两个：一是抑制道德风险和减少小额理赔，降低理赔成本和管理费用，二是除外一些短期失能的疾病或受伤。免责期从 30 日至一年不等。免责期间还允许中断，如被保险人在短暂恢复后再度失能一般限定为六个月，可将两段式能期间合并计算免责期。

第二，给付期。保单中保险金给付的最长期限，短期失能收入损失保险的给付，其一般为 13 周至两年，长期失能收入损失保险规定最长给付期，如两年至终身给付不等。条件相同的情况下，给付期限越长，保费越高。需要注意的是，相同原因的失能计算为同一事件的继续期间，不能累加计算。

第三，给付额。失能收入保险提供的保障程度越高，发生道德风险的可能性越高，有的保险人，甚至为获取保险金而自残。因此，失能收入损失保险给付额一般保障正常或基本生活水平的收入，低于被保险人在伤残以前的正常收入水平。另外，不一定要在被保险人全残时才给付保险金，有的还包括部分伤残保险金给付、未来增加保额给付、生活费用调整给付、移植手术给付、非失能性伤害给付、意外死亡给付以及残疾免交保费优惠。

（4）失能收入损失保险的特殊条款

在被保险人全残时给付保险金外，失能收入损失保险还可以提供其他利益，这些利益包括：

第一，加保选择权益条款（未来增加保险金额选择权）。如果被保险人在未来某一时期的收入增加，不论其当时健康情况如何，只需提供收入证明，均有增加保险金的权利。一般被保险人每年可以加保一次，直至合同约定的购买期限截止年龄。

第二，生活指数调整给付条款。在这一条款下，失能收入损失保险金根据消费者物价指数增长或保单中规定比例而增加，既定比例通常为5%或10%，同时被保险人要求增加保险金给付的申请必须是在全残疾保险金给付一年之后提出。这种为残疾的被保险人提供定期增长的残疾收入保险金，解决了通货膨胀造成的保险金给付购买力下降的问题。

第三，免缴保险费条款。根据这一规定，如果被保险人全残，并且持续期超过规定的最短期限，就可以免交保险费，不过仅在保险金给付期间或伤残期间可以免缴。

5．护理保险解读

护理保险始于20世纪80年代中期，随着全球人口老龄化趋势的增长，越来越多的老人需要家庭护理或护理机构的帮助，目前护理保险美国是健康保险市场上最为重要的产品之一，而我国护理保险业处于萌芽时期。

（1）护理保险保障内容

护理保险是指保险公司在被保险人家中或专门的机构中向被保险人提供的包括医疗护理、住宿、社交、饮食、交通以及在护理院中一切护理服务的保险。所以护理院是指帮助伤残者恢复日常生活技能，或为被护理者提供一系列日常生活服务的专门机构。

护理保险通常提供三个层次的护理院护理保障：专业护理、中级护理和看护护理。专业护理是在医生的指导下，由专业医护人员（由有执照的护士和理疗师）24小时提供护理；中级护理是为病情稳定的病人提供的非24小时连续的日常医护护理，护理遵循医生要求，并且由有执照的护士指导，比专业护理专业性弱一些，通常包括更多的个人护理；看护护理是帮助病人处理日常活动的护理，比如协助病人洗澡吃饭穿衣等，通常当被保险人无法从事保单规定的若干项日常活动中的两项时，即被认为是生活无法自理，保险公司则开始给付护理服务。日常生活活动主要包括：吃饭、洗澡、穿衣、上厕所、自制能力、移动、服药等。

许多护理保险对希望在家中或社区里接受护理被保险人提供护理保障。社区护理的给付金额按护理院给付金额的一定百分比给付。该护理分为医护人员护理、非连续的医护人员看护、照顾式护理和家中护理四个等级，医护人员护理是最高程度的护理，由医师下医嘱进行24小时护理，由有执照的、有特殊护理专长的护士或护理人员担任，或由治疗师提供康复治疗，选择医护人员护理会比住院更便宜；非连续的医护人员看护与医护人员看护类似，只是病人不必24小时接受护理；照顾式护理是最基本的护理，通常不含医疗性质，只是对那些无人协助就不能完成基本活动的人在日常生活上提供照顾，护理人员不需要经过专业训练；家中护理护士或医疗师到家中对被保险人进行医疗照顾或治疗，或被保险人需要佣人到家中提供家政服务。

（2）护理保险类别

按照保险责任划分，护理保险分为单一责任护理保险、综合责任护理保险、失能收入损失保险的扩展以及医疗保险服务附约保险。

1）单一责任护理保险是指除非附加附约，护理保险仅承担长期护理责任。

2）综合责任护理保险是在承担长期护理责任的基础上，增加了生存和死亡给付责任，生存给付可采取一次性给付或年金给付形式。

3）失能收入损失保险的扩展是指残疾者在退休前购买的长期护理保险，退休后保险公司提供给被保险人与失能收入补偿等额的保险金，投保长期护理保险时不需要核保，只要比正常人多交部分保险金。其实是将失能收入保险金转化为长期护理保险。

4）医疗保险服务附约保险类似于医疗保险，二者区别在于：医疗保险是对被保险人的偶然性急性疾病的费用提供保障，而护理保险则是对被保险人因慢性疾病或健康状况恶化所发生的费用提供保障，但两者同属健康保险都涉及费用补偿，可将护理保险视作医疗保险的一种延伸。

（3）护理保险给付

与收入损失保障给付类似，护理保险给付也具有免责期。给付期限一般为定期给付，只有很少的保单提供终身给付，如果提供终身给付，其保费相当高昂。

按费用给付范围可分为在护理院接受护理的费用补偿和对付所有符合给付条件的护理费用给予补偿，给付方式分为发生额补偿和按保险金额固定给付。对于固定给付，也分为合同约定固定不变的固定性长期护理保险和保额递增型长期护理保险。

对于被保险人是否有资格获得保险金的门槛条款，一般的门槛条款要求被保险人必须没有能力完成日常生活活动（activity of daily living，ADL）中的几项（通常为辅助进食、洗澡、穿衣、上卫生间和大小便失禁等）。

6.4.2 人寿保险计划

1．认识人寿保险

寿险是指以死亡为给付条件的人身保险，即以被保险人身故为赔付条件。基于寿险的定义，寿险通常用于以下三方面的情境：一是规避由于家庭主要成员身故造成的家庭收入的损失，协助被保险人完成家庭责任；二是作为财产传承工具，可以按被保险人意愿指定财产的传承人；三是用于合伙企业某位合伙人身故而导致的企业权益诉讼纠纷。

2．人寿保险需求测算

人寿保险需求的测算有三种方法：一是倍数法则（双十法则），二是生命价值法，三是遗属需求法。

（1）倍数法则

倍数法则是指以简单的倍数关系估计寿险保障的经验法则。如根据“十一法则”，家庭需要的寿险保额约为家庭税后收入的十倍，保费支出占家庭税后收入的十分之一，该法则又称为“双十法则”。“十一法则”与理财规划中的6∶3∶1法则具有一致性，即家庭税后收入中，60%用于生活消费，30%用于储蓄投资，10%用于保费预算。

倍数法则容易理解，只能作为对保险规划的一个参考，因为无法反映出客户的具体情况，对于收入较高的的富裕阶层，按照此方法所做保额过高，而对于收入较低的客户，则保费可能会超出其保费支付能力。生命价值法和遗属需求法更能反映不同个体之间的收入、支出及需求差异，倍数法则只能作为参考。

（2）生命价值法

生命价值法认为：个人在既定的工作期限内将创造经济价值，作为其个人或者家庭的经济保障。相关风险（残疾或死亡）发生，人寿保险应替代上述经济保障功能，满足家庭或个人理财目标需求。因此，估算家庭成员不幸给家庭造成的净收入损失，就是生命价值的损失，也是寿险保障需求基础。

用生命价值法计算保额的影响因素包括年龄、个人净收入（收入－支出）个人收入成长率和投资报酬率。其中，前三个因素与保额成正比，投资报酬率与保额成反比。

生命价值法比较倍数法，该方法反映出不同个体的预期收入差异和支出差异，体现出不同生命周期的收入与消费特征，对生命个体的寿险需求具有相对较好的适应性。但生命价值法同样存在以下几个方面缺陷：第一，测算需设置各项参数，各参数假设要求较高，与实际很难保持一致；第二，不是基于对整个家庭的收入情况进行考虑；第三，未考虑遗产需求、家庭接受捐赠、目前生息资产的资源状况。遗属需求法则能够较好地弥补上述缺陷。

（3）遗属需求法

遗属需求法是从需求的角度考虑某个家庭成员不幸后给家庭带来的现金缺口。该方法假定家庭（主要）收入者发生万一不幸，遗属一生支出的缺口状况。为预防万一不幸的发生，该收入者提前通过寿险保障准备未来可能发生的遗属一生支出缺口。该方法一般包括家庭或遗属的以下保障需求：还债需要、子女独立前所需费用、配偶终身所需收入、其他。

（4）寿险需求计算方法的选择

在计算保险需求时，倍数法则只能作为保障需求的大致估算方法，生命价值法与遗属需求法的选择则应考虑以下几个原则。

1）在未婚、没有依赖人口时，可以根据生命价值法计算所需保额。在开始工作时，针对未来收入能力进行投保，投保时不需要专门考虑收入成长率。可以在以后职位升迁或加薪时加买保额即可。遗属需要法则在结婚、生子、购房时要针对增加的家庭生活费与负债额，加买保险。

2）生命价值法的原理是以理赔金弥补保险事故发生引起收入下降的负面影响。因此，通过生命价值法计算出来的保额需求一般不需要扣除过去已累积的资产净值。遗属需求法的原理是以理赔金保障遗属未来生活开支所需，由于已累积的资产净值可以供养遗属生活开支，所以，通过遗属需求法计算出来的保额需求一般需要扣除过去已累积的资产净值。

3）对于生命价值法，可以根据夫妻的净收入分别计算其所需保额；对于遗属需求法，通常先算出家庭的总保额需求，然后再根据夫妻的收入比例进行分摊。

3．人寿保险使用情境

人寿保险以死亡为给付条件，作为人身赔付，人寿保险通常用于帮助保障家庭责任的完成和财产传承。

在保障家庭责任完成方面，通过投资人寿保险，对于对其他家庭成员负有家庭责任的家庭收入来源者，保障其因身故造成的收入中断损失。如对于家庭成长期个人，不仅承担家庭生活开支、子女教育经费的储备、负债的偿还、甚至父母的赡养，如果因为身故造成收入中断，家庭生活开支中断，子女无法完成应有教育，父母得不到老有所养的保障，甚至由于负债未能足额偿还导致家庭居无定所。人寿保险必须在家庭发生不幸时保障家庭基本生活的维持。

在财产传承方面，人寿保险通过指定身故受益人，可以按被保险人（被继承人）的意愿，将财产指定分配给特定的受益人（继承人），并在不同的继承人之间按意愿分配遗产。在征收遗产税的国家，人寿保险还用来作为遗产税缴纳的现金储备或规避遗产税的手段。如对于多子女家庭，可以将全部资产留给其中一子女，其余子女通过人寿保险享受等额遗产的身故受益金，保障遗产分配的公平。

6.4.3 年金保障计划

1．认识年金保险

年金保险是投保人与保险公司签订的一种以被保险人生存为给付条件、按年金方式领取约定金额的保险合同。年金保险的给付期限可以是定期的，也是终身的。

保险公司通过设计不同的年金产品以满足多种个人和家庭财务安全需求。对富有的人而言，巨额的财富也可能由于经济萧条、重大投资失误或任意挥霍而付诸东流，年金保险保障了这一人群基础的收入来源，为其财务安全设置避风港，提高了这一人群的抗风险能力，进而提升家庭资产配置的投资收益率。因此，富人购买年金保险首先是为了经济安全，防范未来发生财务困难，收益相对是次要的。

多数人而言投资年金保险是为自己的老年生活提供养老保障。规避由于寿命的不确定性而产生的养老金不足的风险，或希望这些年金保险的财富增值为自己老年生活提供足够的经济来源，能够在晚年生活中保持经济上的独立，减轻子女的赡养负担。一些父母希望在自己的有生之年、子女年轻时为子女提供经济来源。因为此时子女年轻且经济负担较重，父母可以通过年金保险为子女定期提供经济支持。这样做比自己百年后给子女留下大额遗产在资金使用上更有效率，更能促进两代人之间的亲情关系，更符合自己的意愿和保持一份年老时的成就感。

在人身伤害和身故的赔付中案例中，保险公司通常给予客户将赔款额转换为年金保险方式赔付的选择权，这样能够保证客户在丧失财务管理能力时，保证财务安全和保证给付，和一次性全额支付赔偿款相比，最大限度保证了受益人的权益。

年金保险还通常用于子女教育年金投资工具，教育年金险是儿童教育保险金的重要组成部分，都以定期年金保险为主。

2. 年金保险的类别

年金按给付期间的不同分为终身年金、固定年金和限期生存年金三种。

(1) 终身年金

终身年金是一种至少在指定个人生存期间定期给付的年金，有的终身年金还保证提供更多的保证给付。常见的终身给付包括纯粹终身年金、期间保底终身年金和金额保底终身年金三种。

1）纯粹终身年金。纯粹终身年金又称普通终身年金，是一种仅在年金领取人生存期间定期给付的年金。保险公司在年金领取人身故后不负给付责任，这种产品从事前的精算的角度来讲是公平的，但由于年金领取人寿命是不确定的，可能会出现所交保费远超与实际所得的给付总额，如缴费 10 年后在领取保险金的前一两年即身故，很多人尤其是对个人长寿不太自信的人群不愿意承担这种风险，倾向于选择保证更多的终身年金，使自身投资不会出现亏损。

2）期间保底终身年金。期间保底终身年金是一种在年金领取人生存期间定期给付并保证给付期间不少于约定期间的年金。如果年金领取人在约定期间内身故，保险公司给付剩余年限年金给指定受益人，直到约定期满。约定期间的长短通常可由投保人选择。在其他条件相同的情况下，投保人所选择的保底期间越长，保费越高。

3）金额保底终身年金。金额保底终身年金是一种保证在年金领取人生存期间定期给付，并保证年金给付总额至少等于年金保险的投资额。如果年金领取人在身故时给付总额小于保费投资额，则差额部分由保单指定的其他受益人领取。保底金额由具体合同约定，通常保底金额越高，保费越高。

不论是期间保底还是金额保底，保险公司的保证越多，年金购买价格越高，投保人必须根据自己的保障需求、支付能力和自身偏好，选择合适的年金。

(2) 固定年金

固定年金是一种在约定期间给付，约定期满后停止给付的年金。固定年金可以满足个人在某一时期的收入或费用需求。如作为固定年金，子女教育年金只满足子女在高中或大学非义务教育阶段的学费需求。

(3) 限期生存年金

限期生存年金是一种在约定期限内或年金领取人死亡之前（以先发者为准）定期给付的年金。和固定年金相比，限期生存年金承诺给付期限小于固定年金。所以，在相同定期给付金额下，限期生存年金的年金保底低于固定年金。

3. 年金保险应用情境

年金保险以生存为给付条件，保障的是被保险人生存利益，通常用于三种情境：为家庭储备基本生活保障基金、养老保障和子女教育保障。

为家庭储备基本生活保障基金是运用保险的专有属性以及年金保险收益的稳定性，保障家庭基本生活资金的安全性。这部分资金基础上，再依据自身的风险承受能力和风险容忍态度建立能够满足生涯目标的投资组合。由于年金保险保障了家庭的基本需求，客观上提高了在投资组合建立过程中的风险承受能力。在发生投资亏损时可以运用这部分资金维持家庭基本生活开支或重新作为启动资金进行二次创业。

作为养老保障，年金保险主要是帮助家庭或个人规避个人长寿风险。由于人的寿命未知，如果通过投资股票、债券等金融资产，无法做到资产价值与寿命等长，通过房产投资又存在着房产市场的投资风险问题，而养老金的安全稳健性与生命等长等要求都使年金保险成为养老保障资产配置不可或缺的一环。

作为子女教育，年金保险一方面可以发挥强制储蓄功能，另一方面由于年金保险计划通常具有保险的豁免条款，与其他投资相比较，年金保险在连续多年的教育金储备方面，在首年投资后即可锁定未来多年的教育金储备，保障子女完成期望的教育水平。

4．年金保险与寿险比较

人寿保险和年金保险都是家庭风险控制的基础工具，但两者保障的内容完全不同。年金保险是为了满足被保险人生存期间的财务保障需求，如子女教育需求、养老需求、财产安全保障需求等，而人寿保险是为了满足被保险人由于身故而无法完成的家庭责任保障。因此，年金保险是以被保险人的生存为给付条件，而人寿保险是以被保险人的身故为给付条件。

6.4.4 商业保险常见条款解读

1．等待期

等待期常见于疾病保险，是为防止带病投保产生的道德风险而设置。我国重疾保险产生的等待期不超过 180 日，在保险实务中一般设置为 30 日、90 日或 180 日。在等待期内被保险人发生疾病而支付的医疗费用和收入损失，保险人概不负责，等待期结束以后，保险利益才生效。

等待期只适用于第一个保单年度，对于可续保保单，不再有等待期。如平安 e 生保医疗保险（2017 版）条款规定："您首次投保或非连续投保本保险时，被保险人因疾病需要住院治疗、特殊门诊治疗或住院前后的门急诊治疗的，自本主险合同生效日起 30 日为等待期。被保险人在等待期内发生的保险事故，我们不承担给付保险金的责任。续保或者因意外伤害进行治疗的无等待期。"

2．犹豫期

犹豫期是指投保人可以撤销保险合同、全额收回已缴保费的约定期限。起算日期是从保单送达日的次日，我国健康保险管理办法第 15 条规定，长期健康保险产品应当设置合同犹豫期，并在保险合同中列明。长期健康保险产品的犹豫期不得少于 10 日。如平安 e 生保医疗保险（2017 版）条款规定："自您签收本主险合同或收到本主险合同电子保险单次日起，有 10 日的犹豫期。在此期间请您认真审视本主险合同，如果您认为本主险合同与您的需求不相符，您可以在此期间提出解除本主险合同，我们将无息退还您所支付的全部保险费。解除本主险合同时，您需要填写申请书，并提供您的保险合同及有效身份证件。自我们收到您解除合同的书面申请时起，本主险合同即被解除，合同解除前发生的保险事故我们不承担保险责任。”

3．除外责任

除外责任指保单列明的不负赔偿责任的范围。除外责任可以以列举式的方式在保单中列举除外事项，也可以以不列举方式明确除外责任，即凡未列入承保范围的灾害事故均为除外责任。如平安附加健享人生住院费用医疗保险（B）对此做了相应规定：“因下列情形之一造成被保险人住院治疗的，我们不承担给付保险金的责任：①投保人对被保险人的故意杀害、故意伤害；②被保险人故意自伤、故意犯罪或者抗拒依法采取的刑事强制措施；③被保险人殴斗、醉酒，主动吸食或注射毒品；④被保险人酒后驾驶、无合法有效驾驶证驾驶，或驾驶无有效行驶证的机动车；⑤被保险人感染艾滋病病毒或患艾滋病期间因疾病导致的；⑥战争、军事冲突、暴乱或武装叛乱；⑦核爆炸、核辐射或核污染；⑧先天性畸形、变形和染色体异常；⑨保险单中特别约定的除外疾病；⑩既往症；⑪不孕不育治疗、人工授精、怀孕、分娩（含难产）、流产、堕胎、节育（含绝育）、产前产后检查以及由以上原因引起的并发症；⑫精神和行为障碍（依照世界卫生组织《疾病和有关健康问题的国际统计分类》（ICD-10）确定）、性病；⑬疗养、矫形、视力矫正手术、美容、牙科保健及康复治疗、非意外事故所致整容手术；⑭从事潜水、跳伞、攀岩、蹦极、驾驶滑翔机或滑翔伞、探险、摔跤、武术比赛、特技表演、赛马、赛车等高风险运动。

4．续保条款

在保证续保条款上，应注意以下几项内容。

第一，续保条件。续保条件直接关系到老年人的健康保障。续保条件包括可撤销保单、有条件续保保单、保证续保保单和不可撤销保单。可撤销保单给予了保险公司以任何理由撤销保险合同权利；有条件续保保单则在合同中规定了特定的保险公司拒绝续保的条款，如发生理赔，职业变更等；保证续保保单虽然在合同中没有拒绝续保的条款，但给予了保险公司变更费率的权利；不考虑保费因素，不可撤销保单对投保人保障最为有力，只要投保人按时缴纳保费，保险公司必须按合同约定的费率续保，在投保时即规避了所有合同变更的风险。

第二，续保的最高年龄。许多健康保险尤其是基本医疗保险的续保年龄以退休年龄为限，如我国目前《个人税收优惠型健康保险业务管理暂行办法》规定的税优健康型万能保险续保最高年龄至退休，并不能覆盖老年人的医疗费用风险。健康医疗险续保年龄应尽可能延长，但终身险并没有必要，一般续保至85岁即可。

第三，续保的最高保额限制。一般健康保险都有续保的最高保额限制，考虑到为老年健康风险提供保障，保险期限长达数十年甚至几十年，医疗费用的上涨水平就成为产品选择的重要因素，按目前的医疗费用水平，保障80万的医疗费用足以应对一般大病费用，但二十年甚至三十年后，80万的医疗费用可能会捉襟见肘。

第四，保费费率。作为短期险种，保费会随着年龄的增长而增长，退休前投保保费相对保额在可接受的范围内，但如果随着年龄增长，费率增长过快，在老年阶段健康险保费支出过高甚至成为财务负担，尤为重要的续保条款同样失去了存在的意义。

如平安附加健享人生住院费用医疗保险（B）规定：“保险期间和续保本附加险合同的保险期间为1年。每一保险期间届满之前，若我们未收到您不再继续投保的书面通知，则视作您申请续保，我们将按照以下约定续保本附加险合同：自您首次投保本附加险合同的生效日起，或自您非连续投保本附加险合同的生效日起，每5年为一保证续保期间。在保证续保期间内每一保险期间届满时，我们按续保时年龄对应的费率收取保险费后本附加险合同将延续有效。但若于保证续保期间内每一保险期间届满时发生下列情形之一时，本附加险合同自动不再接受续保：①被保险人续保时年满65周岁；②主险合同交费期满或主险合同已办理减额交清；③主险合同效力终止或中止。每个保证续保期间届满时，我们会审核被保险人是否符合续保条件。如果我们审核同意续保，在此后一个保证续保期间内，您按时向我们支付续期保险费，则本附加险合同将延续有效；除上述自动不再续保情形以外我们不接受续保的，我们会以书面形式通知您。”

任务 6.5　家庭财富传承

6.5.1　遗产认知

1．遗产的定义

遗产是指自然人死亡时遗留的个人的合法财产，它包括不动产，动产和其他具有财产价值的权利。作为一种特殊财产，遗产只存在于由继承开始后到遗产处理结束前这段时间之内。自然人生存时拥有的财产不是遗产，只有在其死亡之后，遗留下来的财产才是遗产。遗产处理之后，已经转归继承人所有，也不再具有遗产的性质。

2．遗产的范围

通过遗产的定义，我们可以从三个方面来理解遗产的范围。

1）遗产是被继承人死亡时遗留下来的财产，这是遗产在时间上的限定性，被继承人死亡前其财产不能成为遗产，不发生继承问题。

2）遗产是被继承人的个人财产，不属于个人的财产，不能成为其遗产，这是遗产在范围上的限定性。

3）遗产是被继承人的合法财产，不是被继承人合法取得的财产不能成为其遗产，这是遗产的法定性、合法性。

常见的遗产主要包括：公民的收入，如工资，奖金，稿酬，股票利息等；公民的房屋、储蓄和生活用品，如不动产，银行存款，汽车等；公民的文物，图书资料，如艺术品收藏品；公民的著作权，专利权中的财产权利及公民的债务等。其中抚恤金不是个人财产，所以不属于遗产范围。

6.5.2 遗产的法定继承制

根据我国继承法规定，遗产继承方式有四种：法定继承、遗嘱继承、遗赠和遗赠抚养协议。遗赠扶养协议的效力最高，其次是遗嘱和遗赠，效率最低的是法定继承，如图 6-2 所示。

遗赠扶养协议 → 遗嘱、遗赠 → 法定继承

图 6-2 遗产继承效力

1．法定继承人范围

法定继承是指在被继承人没有对其遗产的处理立有遗嘱的情况下，由法律直接规定继承人的范围、继承顺序、遗产分配原则的一种继承形式。法定继承人的范围是，被继承人的配偶、子女、父母、兄弟姐妹、祖父母、外祖父母、被继承人子女的晚辈、直系血亲。根据我国继承法的规定，遗产分割时应当保留胎儿的继承份额，胎儿出生时是死体的，保留的份额，按照法定继承办理。也就是说，胎儿是具有继承权的，但是为胎儿保留的只是继承遗产的权利，因为人的权利能力是从出生时开始的，所以胎儿只有从母体中分娩出来，才具有权利能力才能取得继承权，如果胎儿出生时是死体，则为胎儿保留的遗产份额，仍然作为被继承人的遗产，由其他继承人按法定继承。

2．法定继承顺序

上述这些法定继承人分为两个继承人顺序，当存在第一顺序继承人时，第二顺序继承人没有继承权，如果遗产没有第一顺序继承人继承的，则由第二顺序继承人继承，同一顺序继承人继承遗产的份额一般应当均等。

第一顺序继承人包括：父母（包括生父母、养父母和扶养关系的继父母）、子女（包括婚生子女、非婚生子女、养子女、有扶养关系的继子女）；第二顺序继承人包括：祖父母、外祖父母，兄弟姐妹（包括同父母的兄弟姐妹、同父异母的兄弟姐妹、养兄弟姐妹和有扶养关系的继兄弟姐妹）。

代位继承：代位继承属于法定继承中的特殊情况，是指当被继承人的子女，先于被继承人死亡的由被继承人的子女的晚辈直系亲属代为继承这里的子女也是包括婚生子女与非婚生子女，养子女和有扶养关系的继子女，但是要注意代位继承人一般只能继承他的父亲或者母亲有权继承的遗产份额，系由两个或以上的代位继承人是只能继承其父或母的一份，不能按人头参与，平分继承遗产。

6.5.3 遗产筹划目标

所谓遗产筹划，是指当事人在其生前通过选择遗产筹划工具和制订遗产计划，将拥有或控制的各种资产或负债进行安排，从而保证在自己去世或丧失行为能力时尽可能实现个人为其家庭（也可能是他人）所确定目标的安排。

下面是具体的遗产筹划目标，其中或者全部目标对于大多数人而言，都是适用的。

1）确定谁将是遗产所有者的继承人（或者受益人），以及每位受益人获得的遗产份额。

2）确定由谁来清算遗产，这涉及选择遗嘱执行人的问题。

3）确定遗产转移的方式。

4）为遗产提供足够的流动性资产以偿还其债务。

5）保持遗产计划的可变性。

6）在与遗产所有者的其他目标保持一致的情况下，将遗产转移的成本降至最低水平。

7）计划慈善赠与。

6.5.4 遗产筹划工具选择

1．遗嘱

根据中国继承法规定，遗嘱的形式有五种：公证遗嘱、自书遗嘱、代书遗嘱、录音遗嘱以及口头遗嘱。

所有遗嘱形式中，公证遗嘱法律效力最高。如果同时存在多份遗嘱的情况下，如果多个遗嘱处分的内容并不冲突，并且是相互补充的，那么各自都有法律效力，但是如果内容存在冲突，就要遵循下面的原则来处理：有公证遗嘱的，以最后所立公证遗嘱为准；没有公证遗嘱，就以最后所立的遗嘱为准。

由于公证遗嘱的法律效力最高，拟定的要求也非常严格，必须去公证机关办理，如果遗嘱人是有病而无法出门或出门有困难，可以由他人代理，具体由公证机关到遗嘱人的住所当面办理公证手续即可。在公证过程中，公证机关要审查遗嘱人是否有完全的行为能力，遗嘱的内容是否合法。遗嘱人对于处分的财产是否享有处分权等，最后才会予以公证。自书遗嘱只要是遗嘱人的真实意思表示，处分的财产属于个人合法财产，由本人书写签名、注明年月日，不需要见证人在场。但如果本人不能书写委托他人代写遗嘱时，代书遗嘱必须有两个以上见证人在场见证，见证人的见证必须是从始至终一直在场，并且同时在场，全程见证，同时见证，不能先后见证；见证人必须是具有完全民事行为能力的人，无行为能力人和限制行为能力人不能作为见证人；见证人不能是与继承人或者受遗赠人有利害关系的人，比如亲戚、朋友、债权人等；代书遗嘱必须由见证人之一代书，而且最好采用亲笔书写的形式；遗嘱人必须亲笔签字，最好签字后再按自己的指印；代书遗嘱应当注明日期。

录音遗嘱对见证人的要求与代书遗嘱相同，应当由两个以上的见证人在场见证，录音遗嘱制作完毕后，应当场将录音机遗嘱封存并由见证人签名，注明年月日。口头遗嘱只能在危急情况下订立，危急情况解除后，遗嘱人能够用书面或者录音形式立遗嘱的，所立的口头遗嘱无效。口头遗嘱订立时也需要由两个以上见证人在场见证，见证人要求与代书和录音遗嘱一致。

2．人寿保险

人寿保险作为遗产规划工具主要是为了实现遗产转移时的合理避税以及增加遗产流动性的目的。我国保险法规定，被保险人在保险单中指定了受益人的，一旦保险事故发生，被指定的受益人将取得保险赔偿金。这一赔偿金属于投保人生前对自己的财产所做赠与，属于投保人生前已处分的财产，不具有遗产性质，一旦获得赔付，即为受益人的合法财产，不能被继承，也不能用来偿还投保人身前的债务。富裕阶层人士可以选择保险，将自己的财产冷冻起来，并逐渐追加和组合，一方面通过法律合理避免了税收及债务偿还，另一方面也可以抵抗通胀压力，使财产保值。

综上所述，人寿保险作为遗产规划工具，具有以下优点：

第一，能按遗产所有人本人意愿指定受益人；第二，事先确定收益金额；第三，以被继承人死亡为给付保险金条件；第四，通过人寿保险可以实现和解决那些无法分割又必须分割的遗产继承的流动性问题（在有遗产税的国家中，可以通过人寿保险赔偿金作为遗产税金，保全继承人的继承权利）。在没有提前准备遗嘱习惯的地区，人寿保险显得更为重要。

3．遗嘱信托

信托分为商事信托和民事信托（个人信托），商事信托是以盈利为目的，是一种投资理财工具，而民事信托是出于委托人财产处置的目的而设立。

遗嘱信托属于民事信托，在西方已建立百余年，是根据当事人的遗嘱条款设立的信托，是指遗嘱人立下遗嘱，将自己的遗产设立成专项基金，并委托给受托人管理，基金收益则由受益人享有，受益人既可以是继承人，也可以是慈善机构或者任何个人和组织。此外，遗嘱人还可以根据自己的需要为基金管理和支配设定各种条件和要求，完全在身后帮助委托人按生前意愿实现财务的分配。因此，遗产依托经常被比喻为“伸出坟墓的手”。任何财产包括资金、证券、人寿保险单和财产都可以办理信托。

人们办理遗嘱信托主要基于以下几个理由：

1）信托可以避免昂贵且费时的遗嘱认证过程。

2）在法庭上，信托不像遗嘱容易产生纠纷。如果担心遗嘱可能会发生纠纷，将财产办理信托能避免这个问题。除非信托是立遗嘱人在无行为能力或非法影响他人的情况下订立的，否则遗嘱纠纷不会影响信托。

3）信托提供专业管理。如果配偶一方不懂得如何有效管理资金，信托可提供专业管理。

4）信托保证机密。遗嘱必须公正，而信托则不必，因此，如果希望保密，又不想冒犯不能如愿以偿的亲戚，办理信托也许最适合。

信托需求主要有三种情况：

有特殊需要的家属。办理信托可以为有特殊需要的家属提供必要的基金。例如，一个残疾孩子需要特别照顾或者教育，或者一个极有天分的孩子想学些暑期课程，信托可以提供基金而不会减少政府福利，如医疗补贴，为年迈的父母建立养老基金等。

担心继承人挥霍财产或理财能力不足风险。信托可以保管资金直到子女成年，由于大多数孩子还没成年或不懂得如何管理一大笔资金，信托可以用来保管这笔资金直到孩子到达指定年龄。基金不能立即分配而应该在适当的时候进行分配。

信托还能确保前次婚姻的子女也能得到一些遗产。妥善照顾按传统方式无法继承遗产或继承遗产过程中处于弱势地位的家属。如果将遗产留给第二个配偶，第一次婚姻的孩子也许得不到任何遗产，信托能确保其如愿得到遗产。

4．赠与

赠与是财产所有人将自己的财产无偿地赠送给他人，经他人接收后发生所有权变更效力的行为。为了完成赠与行为，赠与人与受赠人双方必须具有符合法律规定的行为能力，而且赠与人必须具有赠与的明确意图。通过赠与将财产赠与他人，可以避免遗嘱检验所导致的遗嘱无效风险，在生前将财产赠与他人，可以最大限度地降低或者避免遗产处理引致的管理费用和其他成本（如遗嘱检验费用）。通过赠与行为转移财产，财产就无须经过遗产检验程序，从而保留个人隐私；向子女实施赠与可以让子女有机会学习如何管理金钱或财产。如果个人认为无法有效地管理资产，通过赠与将财产转移给他人以保全财产价值，个人想将某一资产给予特定的某人，又担心会导致家庭不和，在有生之年进行赠与是达成该目标的重要途径。

项目实训

实训 1：结合自己家庭的情况，全面分析家庭的风险类别并提出相对应的管理技术和管理策略。

实训 2：简要描述我国社会保障体系内容，其中，社会保险包括哪些内容？详细阐述养老保险和医疗保险待遇支付规定。

实训 3：张先生新购置了一辆 5 座家庭轿车，请为张先生的新车提供机动车保险投保建议。

实训 4：蒋先生今年 40 岁，是一家企业高管，妻子 38 岁，在家庭做全职太太，两人有一女儿今年 6 岁，上小学一年级，儿子今年 1 岁，张先生出生于农村，父母需要赡养，由于今年工作压力大，张先生觉得虽然收入高，但是夫妻二人只有社会保障，未来仍充满很多不确定性，想为自己制定家庭保障规划，以保障未来生活。请为张先生社会保障计划提供建议。

实训 5：李先生今年 60 岁，膝下有一儿一女，儿子今年 32 岁，是蒋先生与前妻所生，前妻在蒋先生 40 岁时，由于癌症身故，蒋先生后与吴女士重新组建家庭，女儿是吴女士与前夫所生，由于常年生活在一起，蒋先生对女儿视如己出。蒋先生在 30 岁时，与前妻共同创业，直至目前企业经营良好，蒋先生准备让儿子接班经营企业，但对于女儿和太太也想做出合理的安排。但是对女婿并不放心，不想让女婿参与企业管理。经过多年打拼，蒋先生在上海有多套住房，同时蒋先生热爱收藏，并有多件藏品，请结合财富规划为蒋先生提出财产传承的建议。

参考文献

保罗·萨缪尔森，威廉·诺德豪斯，1999．经济学．16版．北京：华夏出版社．

陈杰，2009．中国住房公积金制度的历史与改革思路．党政干部学刊，（4）：27-29．

杰克·R．卡普尔，李·R．德拉贝，罗伯特·J．休斯，2006．个人理财．7版．上海：上海人民出版社．

刘钧，2009．社会保障理论与实务．北京：清华大学出版社．

唐建良，2014．不同医疗保障制度下老年人心理健康状况调查．中国农村卫生事业管理，（1）：63-67．

周忠惠，张鸣，徐逸星，1995．财务管理．上海：上海三联书店．